面白いほどよくわかる!

# 「女」がわかる心理学

立正大学教授
齊藤 勇 監修
Isamu Saito

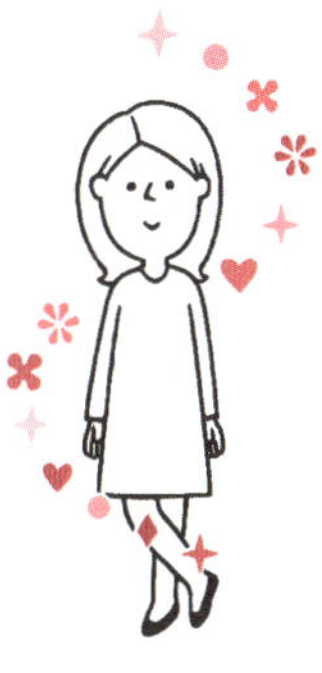



西東社

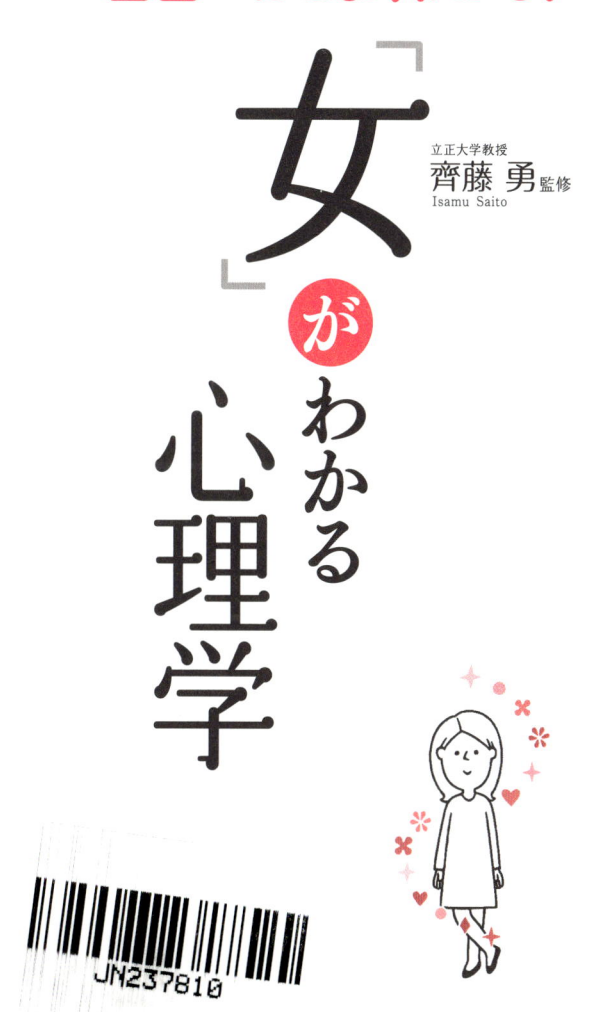

# はじめに

「女性の心理」――。男性からすると、何やら複雑で難攻不落なイメージをもつ人が多いのではないでしょうか。また、人間関係を重視する女性にとっては、男性の心理と同じくらい気になるテーマかもしれません。

女性は人の心の機微に敏感です。男性では到底気づかないことも女性は見抜いてしまいます。その「第六感」ともいうべきものの正体は何なのか、なぜ女性は感情が豊かなのか、なぜ女性はおしゃべりが好きなのか……。女性に関する「ナゾ」は尽きません。

その答えは心理学にあるといっても過言ではないでしょう。脳、ホルモン、社会的通念、歴史……。さまざまな要素が男女の性差を生んできました。女性と男性は、わかり合えないとしてもしかたがないほど「別の生き物」なのです。しかし、その性差を理解することによって、寄り添い共存していくことが楽しくなるはずです。

「女」の特性や心理を知ることで「ナゾ深い女性」の解明に一歩近づくことができると思います。女性は自分自身をより理解することができますし、周りの同性たちについて改めて知る部分もあるでしょう。男性には、本書で少しでも「女心」を知り、女性とスマートな関係を築けるようになることを祈っています。

齊藤　勇

# もくじ



## 第1章 身近にいるいる！ こんな女 あんな女

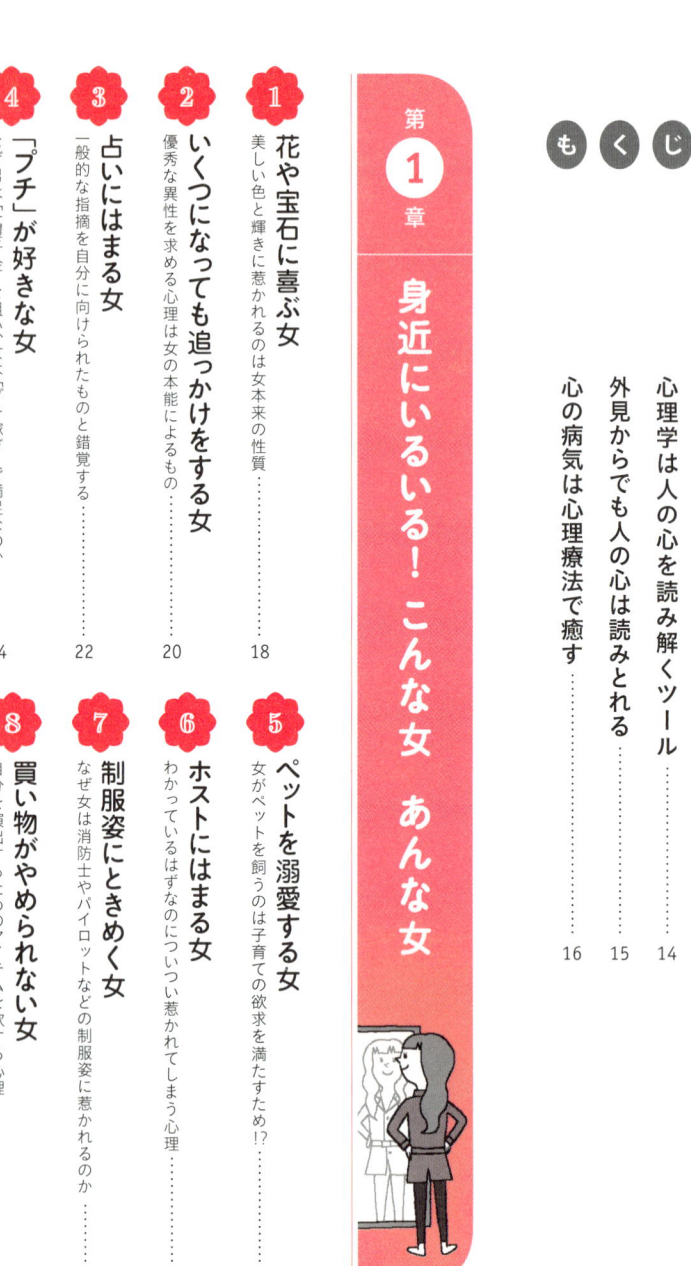

## 第2章

# 恋愛における女の心理

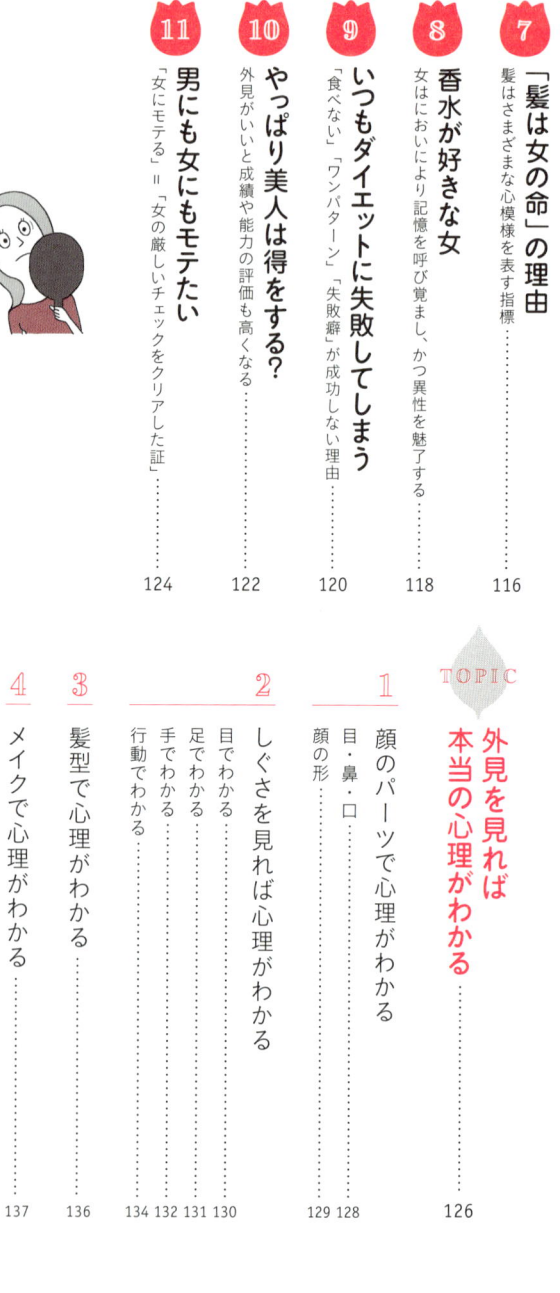

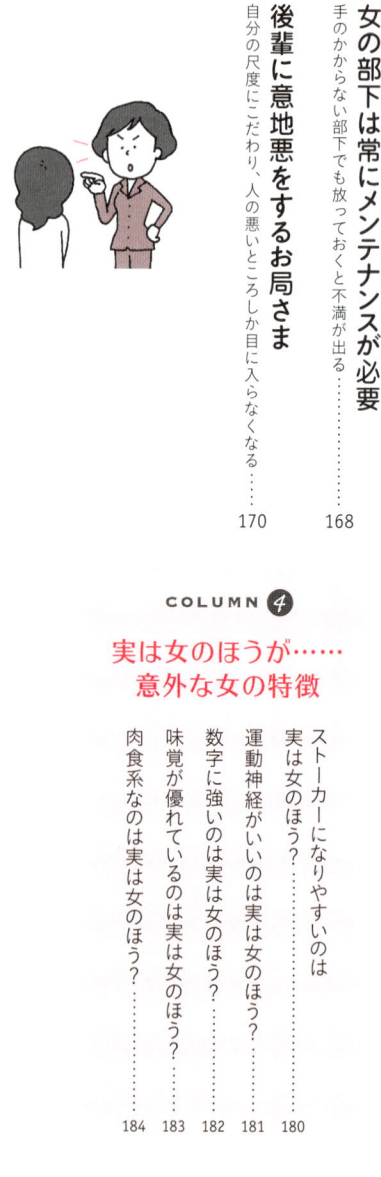

# 第5章 心理学で読み解く女の一生

1 **きょうだい構成でわかる女の心理**
きょうだいで何番目に生まれたかが、性格の違いを決める……186

2 **母と娘の複雑な関係**
母親のアイデンティティが娘のアイデンティティに影響する……188

3 **ファザコンの女**
父親の愛情が得られなかった女は異性関係に問題が起こりやすい……190

4 **マリッジブルーはどうして起きる?**
結婚話が進むにつれて不安になってしまう……192

5 **永遠の戦い、嫁・姑問題**
息子を奪われると感じた姑、息子、嫁の三角関係……194

6 **マタニティブルーと産後うつ**
慣れない育児で情緒不安定に。長引くようならうつの可能性も……196

7 **子どもを産んだら女は変わる?**
出産、育児は女の人格形成に大きな影響を与える……198

8 **パートナーはいらない、でも子どもはほしい**
親和欲求の強い女は、結婚はしたくなくても子どもはほしがる……200

9 **子どもを虐待する母親**
虐待された経験や人格的な問題、日常のストレスが原因に……202

10 **仕事と育児の両立は可能?**
社会的にも現実的にも両立は厳しく、身内の協力が不可欠……204

11 **教育ママの野望?**
家庭への不満やコンプレックスを解消するために子どもに執着する……206

12 **ママ友は本当にお友達?**
気持ちが通じ合いやすいが、嫉妬心や劣等感も生まれやすい……208

13 **なぜセックスレスになってしまうのか**
相手を肉親のように感じたり、不満が溜まって嫌悪感をもつ……210

14 **夫源病にかかる妻**
夫の何気ないひと言や態度をきっかけに不調が表れる……212

## 第6章 女「らしさ」の心理

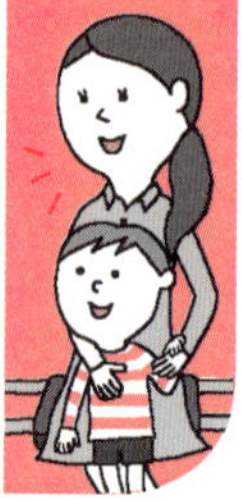

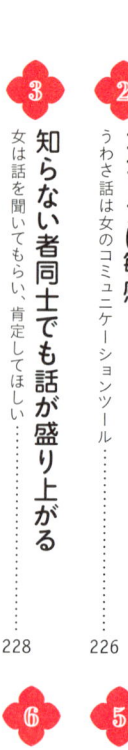

zzz

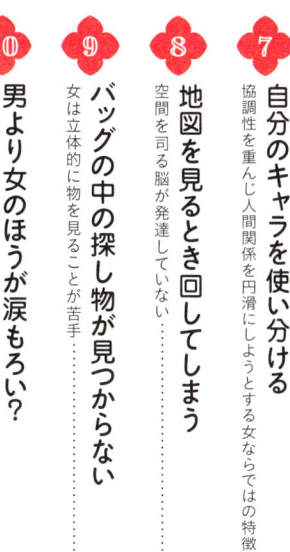

# 心理学は人の心を読み解くツール

人の心を読むためには、心理学は大いに役立ちます。心理学は、大きくふたつに分類されており、人の言動について実験し、そのデータから法則を見つける「基礎心理学」、基礎心理学で見つけた法則や知識を実際の問題に当てはめ役立てる「応用心理学」があります。

## 基礎心理学

### 認知心理学

「見る」「考える」など、情報処理の観点から認知活動を解明。

### 発達心理学

成長にともなう心身の変化を研究。乳幼児心理学から老年心理学まで。

### 社会心理学

個人と社会的状況などの相互関係により影響される心理を研究。

### 生理心理学

汗をかくなど、人間の生理的反応と心理の関係性を研究。

### 異常心理学

異常行動、病的心理を分析。夢分析などで心理を読み解くことも。

### その他

人格心理学・神経心理学・学習心理学・知覚心理学・数理心理学　など

## 応用心理学

### 産業心理学

消費者行動など、産業活動にかかわる人の心理を研究したもの。▶▶P58～62

### 臨床心理学

精神分析、カウンセリングにより、心理的問題を解決していく。

### 恋愛心理学

対人認知などの視点から、人を好きになる心理を分析。
▶▶第2章（P63～102）

### 環境心理学

物理的自然環境のほか、職場環境などの人がかかわる環境も対象。

### 犯罪心理学

犯罪者の特性、かかわる環境を解明し、捜査に役立てる。プロファイリングなど。

### 家族心理学

親子、夫婦など家族関係を対象に研究。家族問題を分析。
▶▶第5章（P185～219）

### 災害心理学

地震、交通事故などに対する心理、心的ストレスなどを分析。

### スポーツ心理学

運動と精神の関係を研究する分野。メンタルマネジメントにも応用。

### その他

芸術心理学・宗教心理学・教育心理学・法廷心理学・民族心理学・歴史心理学　など

# 外見からでも人の心は読みとれる

「人を外見で判断してはいけない」とはいいますが、実は外見や表情、しぐさなどから人の隠された心理を読み解くことができます。外見のほか、愛用品や口ぐせなどにも人の深層心理が表れているのです。

**顔 髪型**

顔の形、好みの髪型といった外見からも、その人のタイプを知ることができる。

**表情**

目や眉の動き、口元など、心理は表情に出やすい。作り笑いも見やぶることができる。

**口ぐせ**

無意識で言ってしまう口ぐせ。無意識だからこそ深層心理が表れてしまう。

**持ち物**

好みや愛用品からもその人の心理が読みとれる。好む色からもタイプがわかる。

**ファッション**

自分を飾るファッションには「人にどう見られたいか」が反映される。

**しぐさ**

手や足などの動きにも心理が表れる。とくに、手の動きには、感情が表れやすい。

# 心の病気は心理療法で癒す

仕事や人間関係、家族関係など、現代はストレスを溜めやすい環境が多いとされています。とくに女性は感受性が豊かな傾向にあるため、抱える不安や心配事も多いと考えられます。心が疲れてしまったら、心理療法で癒すことが大切です。

● 心理療法とは …… 心的障害や心的な原因からくる疾患を、対話や訓練を通して、情緒を安定させたり行動を変えたりする治療法。

## 精神分析療法

無意識下にある感情や思考を意識化することで、患者の悩みを解決していく治療法。夢分析（▶▶P250）など。

## 認知・行動療法

思い込みなど、認知の歪み（▶▶P84）を改善し、日常生活のなかで、どのように行動したらよいかを教えていく。

## カラーセラピー

無意識に選んだ色により、心の状態を見る。必要な色を教え、意識することで心の安定や自律神経の調整に役立てる。

## 内観療法

自分と家族など身近な人との関係を見つめ直し、自分や他人への理解を深める方法。日本で開発された治療法。

## 睡眠療法

潜在意識を呼び起こす方法。無意識に働く右脳から、深層心理を知る。コンプレックスの克服に有効といわれる。

## 箱庭療法

用意された箱の中に、患者が自由に模型などを配置していく。そのことで、患者は心を解放することができる。

# 第1章

# 身近にいるいる！ こんな女 あんな女

# 1 花や宝石に喜ぶ女

## 美しい色と輝きに惹かれるのは女本来の性質

### 視神経細胞が興味の対象を決める

色鮮やかな花。きらめきを放つ宝石。思わず時間を忘れて見とれてしまうことは女性によくある傾向です。それに比べて、同じ光景を目にしているというのに、隣にいる男性は、まったく興味がなさそう。そんな状況に出会ったことはありませんか？ これは、いったいどういうことなのでしょう。

ケンブリッジ大学の研究者グループは、102人の赤ちゃんを対象にして、「見よう」とするものの性差を調べる実験を行いました。赤ちゃんの目の前に用意されたのは、吊り下げられて動くモビールと、笑顔の女性。どちらも音声を発することはありません。実験の結果、**女の子は人の顔に、男の子は揺れて動くモビールに、より興味を示す**ことがわかりました。

また、解剖学者、レパートのグループは、**男性の網膜が女性の網膜よりかなり厚い**ことを発見しました。その理由は、男性の網膜には大きく厚いM細胞が多く、女性の網膜には小さく薄いP細胞が多いためです。この2種類の視神経細胞は機能が異なり、**男性に多いM細胞は動きと方向の情報を集め、女性に多いP細胞は質感と色の情報を集める**役割を担っています。つまり、男性が車や電車など動くものに関心を示すのに対して、女性がカラフルでさまざまな形状をもつ花や、美しいデザインの宝石に惹かれるのは、目の構造の性差に一因があると考えられるのです。

＊**エストロゲン**　おもに卵巣で作られる女性ホルモンで、女性の体に働きかけ、乳房の発達や皮下脂肪の燃焼を促す。

## 女らしさを生み出すホルモンの作用

色彩豊かなものや輝くものに女性が惹かれるもうひとつの理由として考えられるのは、**エス**[*]**トロゲン**という女性ホルモンです。女性の体内に豊富にあるホルモンで、女性の体をやわらかく曲線的にするのは、このエストロゲンの作用です。このエストロゲンが脳に働きかけると、**嗅覚が強まり、穏やかな気持ちを生み出します。**心が穏やかになるため、花の匂いや宝石の美しさに敏感になり、愛しむ気持ちが生まれ、魅了されやすくなると考えられます。

### エストロゲンの効果

女性にはとても大切なホルモン、エストロゲン。エストロゲンには女性にとってうれしい効果がたくさんあるのです。

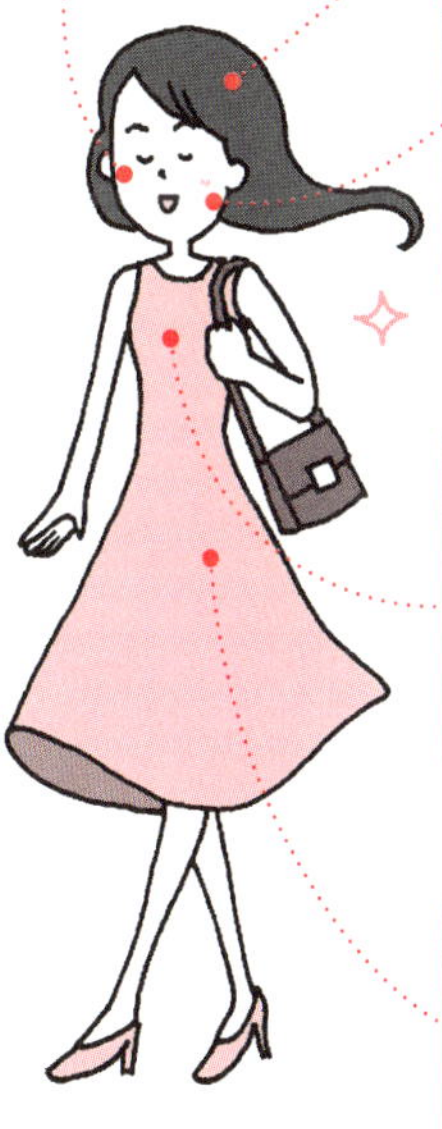

**美肌効果**
皮膚の水分量を上げる効果があるといわれ、ハリやツヤをもたらす。

**記憶力アップ**
女性ホルモンは、記憶に関係する海馬《かいば》の働きを活性化させる。

**イキイキとした表情**
エストロゲンが活性化すると「やる気ホルモン」と呼ばれるドーパミンが多く分泌される。

**受け身効果**
エストロゲンが脳に働くと、思いやりがあり受け身な性質が出てくる。女性らしく柔軟な対応ができる。

**女性らしいプロポーション**
乳腺を発達させ、腹部の脂肪を燃焼させる働きがある。

**注意！　ストレスは大敵**
エストロゲンの分泌はストレスで減少するといわれている。ストレスを発散することで、エストロゲンは充分に分泌されるようになる。

# 2 いくつになっても追っかけをする女

## 優秀な異性を求める心理は女の本能によるもの

### 女は五感で男の遺伝子を捉える

大人になっても10代の少女のように、アイドルやイケメンスターに夢中になって追っかけをしている女性、あなたの身近にもいませんか？

男性にもアイドルの追っかけはいますが、女性の場合、独身の人ばかりではなく既婚者にも大勢いるのはなぜでしょうか。

その理由は女性特有の本能にあります。**できるかぎり優秀な遺伝子をもつ子孫を産みたいという本能**が、アイドルを魅力的な存在に感じさせるのです。そもそも女性は、**男性の遺伝子を五感で捉える能力に長けています**。女性は、視覚だけで十分に男性の遺伝子を感じとる能力をもっています。鍛え抜かれて引き締まった体、躍動して力強さを感じさせる筋肉に、無意識のうちに男性の生命力を感知しているのです。

優秀な子孫を残したいという本能があるかぎり、女性はいくつになっても「追っかけ」に化ける可能性を秘めているといえます。

### ファンの集う場が我を忘れさせる

アイドルやイケメンスターに熱中する女性には、もうひとつ特徴があります。普段はおとなしそうに見える人でも、コンサート会場などでは、アイドルの名前を絶叫しながら大騒ぎするファンに豹変してしまうことです。

これは、心理学では「群衆行動」*と呼ばれるものです。**大勢がひとつの目的で集まると、個々のもつ意志や価値観などの独自性が薄れま**

＊**群衆行動**　群衆行動を起こすのは、コンサートなどに集う「能動的群衆」。それに比べ、街頭イベントなどにたまたま集まった「受動的群衆」は群衆行動を起こすことが少ない。

**す。**そうなると、人は**暗示にかかりやすくなったり、場の雰囲気に支配され流されやすくなって、極端な行動に走ってしまう**のです。ですから、控えめな性格の人でも、大勢の人が集まったときに普段とは異なる一面をさらけ出してしまう可能性があります。ストライキやデモにおける暴動も、群衆行動の例といえます。

とくに、女性は**協調性を大切にし、親和欲求**（▶P47）**が強い傾向**にあります。「みんなと一緒にひとつのことに打ち込む」ことを好む性質からも、群衆行動に走りやすい傾向にあると考えられます。

## みんなで騒げばこわくない!?

性格が変わるわけではないのに、個人でいるときと集団でいるときでは、心理や行動に変化が出てくるのはなぜなのでしょう。

**ひとり**だと

↓

**自我をおさえ消極的**

「私」という個人で行動している、という意識が働くため、常識をわきまえた社会行動をとろうとする。目立つ行動は避ける。

**仲間**がいると

↓

**積極的にのめり込める！**

「大勢の中のひとり」となるので独自性が薄れる。そのため、匿名性が強くなり、自分の言動に対する責任感も薄くなる。

# 3 占いにはまる女

## 一般的な指摘を自分に向けられたものと錯覚する

### 二面性を指摘されると心をつかまれる

占いや心理テストをやって「当たってる！なんで？」と思った経験はありませんか？たとえば、「あなたは一見行動的で自信家に見えても、不安からくよくよと悩む一面があります」などと占いに書かれてあるのを見たとき。自分のことをズバリ言い当てられた気持ちになるのではないでしょうか。

実は、そこに書かれてあるのは、誰にでも当てはまるような内容がほとんど。**多くの人に当てはまる、あいまいで一般的な性格を表す表現を自分固有のものと捉えてしまう**傾向が人にはあり、それを心理学では**「バーナム効果」**＊と呼んでおり、占いなどに応用されているのです。

アメリカの心理学者、フォアは、学生を対象にした架空の性格診断で、二面性を指摘した診断結果をランダムに配布しました。その後の調査から、多くの学生が診断結果を正確だと判断したことがわかったのです。人には、もともと他人から認められたいという欲求があり、さらに「あなたは○○ですね」と断定されることを求めています。そこへ、「あなたは○○だが、その一方で□□な面もある」といったように、**二面性も指摘されると、あたかも心の奥をのぞき込まれたような錯覚に陥ってしまう**のです。

また、女性は**暗示にかかりやすい**（▶P62）傾向にあるため、自分のことを言い当てることができた「占い」に神秘を感じ、傾倒してしまいがちです。このことからも、占いにはまって

＊**バーナム効果**　心理トリックを巧みに用いた奇術師の名前をとって名付けられた。心理学者のフォアによって解明されたため、「フォアラー効果」の別名も。

しまうのは女性に多いと考えられます。

## 運命を味方につけたい女

　女性は「幸運が巡ってくるのを待つ」傾向があります。多くの歴史において、男性が「がんばって人より秀でた結果、広く認められる存在を目指すべき」という社会的通念にしばられてきたのに対し、女性は、勝負事とは無縁ともいえる受け身の文化を強いられてきました。
　受け身でしかいられなかった女性は、運命を味方につけようとすることで、希望と安心感を得たいという性質になったのかもしれません。

## 占いは当たっている？

占いを信じる心理は、アメリカの心理学者、フォアによって解明されています。占いを信じてしまう心理とはどのようなものなのでしょうか。

**占いでよく使われる記述**

1. あなたはまだ発揮できていない実力を**秘めています**。
2. あなたは奔放**に見えて、実は**前向きにがんばろうと努力するタイプです。
3. あなたは明るく振る舞っていても、**本当は**寂しがりやな面ももっています。
4. あなたは他人から好かれたいという**願望をもっています**。

「実はあなたは」「～に見えて、本当は」
といった深層を探っているような言葉に
**「当たっている！」と信じてしまう**

**バーナム効果**

多くの人に当てはまるような一般的な記述のため、ほとんどの人が「当たっている」と思い込んでしまう。とくに、自己評価が低く、他人への同調性が高い人ほどこの暗示にかかりやすい。

4

# 「プチ」が好きな女

## なぜ男は「一攫千金」を狙い、女は「プチ稼ぎ」で満足なのか

### 大事なのは日々のささやかな喜び

カードにポイントをコツコツ貯めるのが好きな人。洋服や持ち物に飽きると、すぐにネットオークションやフリーマーケットで売る人。積極的にモニターとなって、次々と商品やサービスを手に入れる人。周りを見回してみると、そういう女性が多くいるはずです。

男性の場合、そういう行動をとりたがる人はあまりいません。「ちまちまと稼ぐより、大もうけする方法はないか？」と考えたがる傾向にあります。一攫千金を夢見てギャンブルに熱を上げる人に男性が多いのを見ても、小銭稼ぎにはあまり興味がないことがうかがえます。一方、女性は、収入が十分にある人であっても、

冒頭のような「プチ稼ぎ」に熱心な人はいます。

この男女の違いは、大昔の生活での役割によるものとも考えられます。男性が、より大きな獲物を狩ろうと躍起になるのに対し、女性は木の実や山菜を採る毎日。新鮮な山菜やおいしい木の実にめぐり合うのが一番の成果です。日々の暮らしのなかで見つかる**ささやかな喜びやちょっとした幸せを求める「プチ」な行動が、いつしか女性の習慣**になったのかもしれません。

### おまけのお得感が女心をくすぐる

**「プチ稼ぎ」に通じるものとして、女性が好むのが「おまけ」や「付録」**です。付録目当ての女性読者をターゲットにした雑誌が売れているのがその証拠です。ちなみに男性誌では「袋とじ」

＊**カリギュラ効果**　好奇心による反発から、禁止された行為をやってみたくなる心理。禁止や制限によって商品への興味をかきたてる商売の手法は、この心理を利用したもの。

が人気ですが、そちらは**「カリギュラ効果」***によるものと考えられます。

また、「映画を観に行くついでに、近くの話題のショップにも寄る」という「ついで」を好むのも女性の特徴。**「あれのついでにこれも」というー度でふたつ楽しめるお得感**が重要で、ひとつの大きな喜びよりも、**小さな喜びが続くことが満足につながる**のです。いろいろな種類のものを、ちょっとずつ好きなだけ楽しめるブッフェスタイルの食事。これなどはまさに、女性の心理にぴったりマッチしたサービスといえるでしょう。

女と男の違い

## 付録と袋とじ

女性向け雑誌には付録が、男性向け雑誌には袋とじが付いていることが多く見られます。これは、心理の性差をうまくついた販売方法です。

### 女性

**「付録」が好き**

**ちょっとしたお得感がうれしい**

女性は「買ったらおまけが付いてきた」という「少し得をした」というところに喜びを感じる。こうした日常の「小さい喜び」を積み重ねたい。

### 男性

**袋とじに惹かれる**

**「見てはいけない」ものに惹かれる**

自己の自由を禁止されると反発心（リアクタンス）がわき、どうにかして見ようとするのが男性。この心理を「カリギュラ効果」という。

## 5 ペットを溺愛する女

### 女がペットを飼うのは子育ての欲求を満たすため!?

### ペットは手軽に愛情を注げる存在

ペットのケアグッズは多様化し、ペット用ヘアサロン、ペット連れのためのマンションや宿も増える一方。ペット専門の葬儀や保険のビジネスまで注目を集めるようになり、ペットブームは今後も過熱し、まだまだ続きそうです。どうして人はペットを飼うのでしょう。

女性の場合、一番の理由は、**子どもを育てたいという本能的な欲求を満たすため**と考えられます。女性は、**母性本能から「養護欲求*」が強い傾向**にあります。子育ては、養護欲求を満たす最高の行為ともいえますが、現代では、晩婚化や少子化が進み、かつてほど結婚、子育てが女性にとって当たり前のものではなくなってきています。そのなかで、養護欲求を満たしてくれるのがペットです。なついてくれるペットは、子ども同然に愛情を注げる存在なのです。

### 癒し効果も人気の理由

ペットが癒しの存在になってくれることも、人気の理由のひとつです。人間のパートナーだと、一緒に暮らしているなかで意見が食い違ったり、ひどいことを言われたと感じて傷つくこともあります。でも、言葉を話さないペットとはケンカになることはありません。**愛くるしい外見で感情移入しやすく、自分を全面的に受け入れてくれる**と感じられる相手ですから、**寂しさを感じたり癒しを求めている**ときには、欠かせない存在に思えてしまうのも当然といえます。

＊**養護欲求**　他人を守りたい、助けたいという欲求。世話を焼いてあげたいなど、看護や保護志向があること。

また、アメリカで行われたいくつかの研究において、**ペットに話しかけたり触れたりすることで血圧や心拍数が下がる**、といったペットの**リラクゼーション効果**が報告されています。この効果を患者の治療に役立てる**アニマルセラピー**は、日本でもさかんになりつつあります。

## ペットロスには気をつけて

一方で、かわいがっていたペットの死によって、飼い主が大きな喪失感を抱えてしまう**「ペットロス症候群」***も増えています。「私にはペットしかいない」という人は要注意です。

## ペットにはまる女の心理

猫や犬をはじめ、ひとり暮らしでもペットを飼う女性は多いものです。家族の一員を担うペットへは絶大な愛情が注がれています。

### 1 養護欲求を満たす

自分の子どものように守る存在により、「私がいないと」と存在意義を感じさせてくれる。

### 2 孤独感を癒す

家に帰ると迎えてくれる、一緒に遊べる、一緒に寝られるなど、孤独を癒す大きな存在。

### 3 接触行動による安心感

人間はもちろん、血の通ったものとの触れ合いは、安心感を与え、心を穏やかにしてくれる。

### 4 ファッションのひとつ

自己呈示（▶▶P110）のひとつとして、かわいいペットを連れている人も。自分を演出するアイテム。

＊**ペットロス症候群**　ペットの死がもたらす心身疾患。食事もできなくなるほどの状態に陥る人も。ペットへの依存度が高い人ほど深刻な症状になる傾向にある。

## 6 ホストにはまる女

### わかっているはずなのについつい惹かれてしまう心理

#### 自己評価の低さと依存体質ではまる

「最初は友だちに誘われて、興味本位でホストクラブへ足を踏み入れた」という女性が、いつの間にかひとりのホストの虜に……。このような話を耳にしたことはありませんか？

度が過ぎて、大金を貢いだあげく取り返しがつかなくなった、というような事態だけは避けたいものですが、女性にはホストにはまりやすいタイプの人がいるのです。

それは、**自己評価が低い女性**。普段は、自分に自信がないために、人から褒められても素直に信じることができません。ところが、ホストは何度でも褒めてくれるので、そのうちに褒められることが快感になります。「ここに来れば褒められる」と、ホストクラブを楽園のように感じてしまうのです。また、**自己顕示欲が強い女性**も注意です。イケメンのホストと仲よくしたり店外で連れて歩いたりといった行動は、女性の自己顕示欲を満たすことになるからです。

そのほか、「ステキな人が現れて自分を幸せにしてくれる」という**依存体質（シンデレラ・コンプレックス**（▶P88）**）の女性**は、恋愛に対する理想が高く、妥協や努力をせず、現実から目をそらしがちです。このタイプも、幻想を見せてくれるホストにはまりやすいといえます。

#### 「ツンデレ」は効果大

ホストは女性を虜にさせるのが仕事ですから、女性の心理的な弱点をよく知っています。

＊**ゲイン・ロス効果**　好意的な態度をとられ続けるよりも、一度否定的な態度をとられたほうが好意が生まれるという「ギャップ効果」を狙ったもの。

そのため、ホストクラブでは女性が「魔法」にかかりやすくなるのです。

褒める効果は前述の通りですが、褒めるだけではなく、つれなくする行為、いわゆる**「ツンデレ」**による**「ゲイン・ロス効果」***をうまく利用する場合があります。普段は口が悪い、上からものを言うなどの強気のホストが、急にやさしさを見せたり甘えてきたりすると、そのギャップとともに母性本能が刺激され、そのホストの虜になってしまうのです。

女性は、このような演出などでますますホストにはまっていってしまうのです。

## ゲイン・ロス効果とは

人は、常にやさしい印象の相手に惹かれるかというと、そうとは限らない場合があります。ギャップを感じたほうが惹かれる場合もあるのです。

**まず、褒める・甘える**

相手のよいところを褒めまくり、相手に甘えて「アメ」を与える。

**その後、けなす・突き放す**

突き放したような態度や叱るといった「ムチ」を与える。

**再び、褒める・甘える**

冷たい態度をとったあと、再度、甘えるなどやさしい態度をとる。

**対応のギャップに惹かれる**

冷たい態度をとることにより、次にやさしくされることに感動を覚える。プラスの変化を感じれば感じるほど快感にはまってしまう、この現象を「ゲイン・ロス効果」という。

# 7 制服姿にときめく女

## なぜ女は消防士やパイロットなどの制服姿に惹かれるのか

### 相手の身なりに影響される人の心理

普段着の男性を魅力的に感じなくても、その人が制服姿になると「かっこいい！」と思う女性は多いようです。宅配サービス会社の制服や消防士の制服に身を包んだ男性の写真集やカレンダーが話題になるのも、女性のなかに制服姿に弱い人がいる証拠。とくに、消防士や警察官、医者、パイロットといった制服に、女性は魅力を感じるようです。

病院で白衣を見ると血圧が上がってしまう**「白衣高血圧」***のように、**制服や身なりは人の心理に影響を及ぼす**ことがわかっています。アメリカの心理学者、ビックマンは、電話ボックスにコインをわざと置き忘れ、それを拾得した人に「コインがありませんでしたか？」と、2種類の服装でたずねる実験を行いました。その結果、きちんとした身なりでたずねた場合は約8割の人が返してくれたのに対し、汚らしい身なりでたずねた場合は、その半分以下の約3割しか返してもらえなかったのです。

街頭で制服姿の警察官を見かけると、悪いことをしていなくても何となく緊張してしまうのは、人が服装にある決まったイメージを抱いてしまうからなのです。

### 女は権力の象徴に魅力を感じる

女性が、前述した種類の制服に弱いのは、それが**権力を象徴するもの**だからでしょう。

人間が狩猟生活を行っていた大昔には、権力

＊**白衣高血圧**　普段は血圧値が正常なのに、医療施設で血圧を測ると異常値が出る症状のこと。白衣を目にしたことによって生じる緊張やストレスが原因。

をもつ男性とは、食料を必ず手に入れる能力のある者であったと考えられます。つまり、自分を守ってくれる存在であるため、女性は**本能的に権力をもつ男性に惹かれる**のです。それゆえに、**権力や、それに通じる知力や体力を感じさせる制服にまで魅力を感じる**わけです。

女性にブランド物が好きな人が多いのも、**ブランドを一種の「権力」と見なしている**からだといえます。同様に、人気雑誌の流行情報、有名タレントのおすすめ健康法、権威ある大学教授のお墨付き商品などにすぐに飛びつくのも、女性が権力に弱い例だといえるでしょう。

### 女と男の違い

## 好みの制服

男性がメイド姿や女子高生の制服姿に惹かれるのはよく聞く話ですが、女性もある制服姿に惹かれる傾向があります。

**女性**

消防士

医者

パイロット

医者やパイロットのように権威や知性を感じる制服や、人を助ける、守ってくれる消防士や警察官の制服に弱い。

**男性**

メイド

看護士

フライトアテンダント

従順さを象徴する制服に弱い。男性は、支配欲求が強い傾向にあるため、自分のために世話を焼いてくれる姿に惹かれる。

## 8

# 買い物がやめられない女

### 自分を演出するためのアイテムを欲する心理

## 劣等感が買い物をやめられなくする

流行のおしゃれな洋服、女性誌で話題になっている靴、かわいらしいバッグやアクセサリー類を身に付けてみたいという思いは、女性なら誰もがもっているもの。

ところが、この気持ちが度を越してしまう人がいます。そんなにほしいとは思わない物を次々と買い込んだり、お金がないのに借金をしてまで買い物をしたり。手当たり次第に購入しても、それほど使う機会がないので、買ったあとはクローゼットにしまい込んだまま。いけないとわかっていてもやめられずに、また買い物をしてしまうのです。

こういう状態を**「買い物依存症*」**といいます。

一見、単に物欲が強い人とか、お金にだらしがない性格と片付けられてしまいがちですが、買い物依存症の人に共通する特徴は**「劣等感」**。「人に認めてもらいたい」という欲求が強いため、**注目される物で自分を飾りたくなる**のです。

さらに、買い物をすると店員があれこれと親切にしてくれるため、**「ちやほやされている」実感を得られる**のも要因のひとつ。とくに、高級ブランド店では、最高級にちやほやしてくれて「お姫様扱い」を受けられます。それで、最初は日用品程度だった買い物依存症の人が、高額な商品へと対象をエスカレートさせていく、といったケースが起きるのです。

買い物依存症は、**心の中に溜め込んで鬱積した不満の感情が購買欲求に転化**して起こります。

＊**依存症**　生活のストレスによる不満に耐えられなくなり、何かに頼ってしまう精神疾患。「頼りたい」という甘えの心理が引き起こす。

ですから、**きまじめな一方で、自己顕示欲が強いタイプの人に多い**と考えられています。

## 女と男では買う動機が異なる

次々と物を買い込む行為でも、いわゆる「コレクター」は、買い物依存症とは異なります。

日常的に使う物ではなくフィギュアや美術品などが対象で、男性に多く見られます。めずらしい物を所有する優越感、集めることでの達成感が行動の原動力です。それに比べて、女性がバッグやアクセサリーなど、日常生活で使う物を集めるのは、**自分を飾りたい気持ち**からなのです。

## さまざまな依存症

日常生活や社会的活動に支障をきたし、抜け出すことが非常に難しくなってしまう「依存症」。意外なものも依存症の対象となっています。

### 健康法依存症

体によいとされることや健康補助食品を片っ端から取り入れる。

### チョコレート依存症

甘い物がないと不安になる。摂取のしすぎで内臓疾患の可能性も。

### セックス依存症

ストレス解消や精神安定のため、良識に反してでも性的行為をしたがる。

### 仕事依存症

「仕事＝アイデンティティ」と捉え、すべてを仕事または会社に注いでしまう。

### メール依存症

メールが来ているか否かで、不安や寂しさ、怒りの感情がわく。

9

# 「おそろい」にしたがる女

## おそろいを欲する心の正体は「相手を独占したい気持ち」

### 恋人や友人との一体感を得るため

好きな人ができると、何でもおそろいにしたがる女性がいます。ペアのアクセサリーやストラップ程度ならいいのですが、なかには、着る物から家のインテリアまで、とことんおそろいにしてしまうツワモノもいます。

　このような女性に働いている心理は、**「相手との一体感を得たい」**という気持ち。ふたりで同じ物を持つことが、女性にとって「仲のよい証」になっているのです。

　そういった意味では、「おそろいにしたい」感覚は、恋愛の相手だけでなく友人に対して起こることもあります。「私はこの子とすごく仲がいい」という実感を求めて、友人とおそろいの物を着たり持ったりするわけです。

　恋人や友人と人前で手をつなぐという行動も、おそろいにするのと同じ意味をもちます。

### 人間特有のマーキング行動

　おそろいにすることには、もうひとつの心理的な理由があります。

　それは**「マーキング」**。マーキングとは「目印をつける」という意味です。動物が木や壁などに体をこすりつける、爪でひっかく、おしっこをかけるといった行動のことで、**自分の縄張*りを他人に示すのが目的**。好きな人におそろいの物を身に付けさせることで、「自分だけの物だから、誰も手を出さないで」というメッセージを発しているのです。

＊**縄張り**　勢力範囲。自分の権利を守り、他者を排除しようとする範囲のこと。人間関係における縄張り意識は、相手との関係性に対する自信のなさが原因の可能性が。

つまり、**おそろいは、友人や恋人の独占権を堂々と主張する行動**といえます。また、婚約指輪と結婚指輪に関しては、ほかの物に比べて「独占権または所有権の宣言証明書」としての意味合いが大きいといえるでしょう。

おそろいの物を身に付けると視覚に訴えるため、目に入るたびにお互いが愛情や友情を確認でき、仲が深まるのに役立ちます。その一方で、「相手に束縛されたくない」「自分の趣味ではない物を身に付けたくない」という反発感情を生じさせる場合もあるので、相手の気持ちを考えずにやると、かえって逆効果となります。

## さまざまなマーキング行動

自分の縄張りを示すマーキング行動は、動物だけではなく人間にも見られる行動です。無意識の行動にも表れています。

### おそろい・ペア

友人、パートナーと同じ物、おそろいの物を持つことで、特別な仲であることを示す。

### キスマーク・タトゥー

ライバルを牽制するためのマーキング。タトゥーにはパートナーのイニシャルや名前を入れる。

### 職場の机に私物を置く

机の範囲が自分のパーソナルスペース（▶▶P64）であることを示すために、私物を置く。

### 座る席を決めている

会議室など、座る席を自分なりに決めている。毎日乗る電車内での座席や立ち位置なども。

# 10 習い事が好きな女

## もしかしたら自分探しをしているのかも

### 習い事の目的は何？

火曜は英会話、水曜はベリーダンス、木曜が着付け教室で、週末はフィットネスクラブで水泳……。あなたの周りに、こんな感じで習い事をいくつも抱えている女性はいませんか？「習い事に関する調査」（住信ＳＢＩネット銀行調べ／20〜50代の約8万人が対象）によると、習い事をしている女性は38％で、男性の20％を大幅に上回っています。

　自分の趣味の世界を豊かにする一方で、仕事に生かせるものもあるため、習い事に熱心なのは向上心の表れといえます。その反面、関連性のなさそうな習い事を次々と始めてしまう人は、いつまでも自分探しをしている**「モラトリアム人間」***と考えることもできます。**大人になっても自分の可能性が「まだたくさんあるはず」と信じて、どの可能性も切り捨てられない状態**です。つまり、あれこれ習い事に手を染めながら、いつも転身の機会をうかがっているのです。このように現実をいつまでも受け入れず、何かを求めてさまよい続ける状態を**「青い鳥症候群」**といいます。

### 見たままをまねるのは女の得意分野

　着付け、茶道、華道など、女性に人気の習い事には、お手本を見てまねをすることで上達する芸事が少なくありません。このことは女性特有の能力と関係があります。具体的にいうと、**女性のもつ模倣する能力**の高さです。

＊**モラトリアム人間**　「モラトリアム」は「支払い猶予期間」のこと。青年期を過ぎても社会人としての義務と責任を果たさず、生き方の決定を先送りにしている人を指す。

女性は、男性に比べ**知覚速度**＊が速いといわれています。たとえば、二枚の同じような絵の細かな違いを見つけ出すという能力は女性のほうが優れています。つまり、**見たものを上手にまねする能力が高い**というわけです。料理や着付けの手順、ヨガのポーズなど、先生のお手本を見ながらそれをまね、習得していくのが早く上手にできるのは、女性に多いということです。

　このように、模倣することが得意な女性のほうが習い事に向いていると考えられ、その結果、習い事にはまりやすい傾向にあるということなのでしょう。

## 青い鳥症候群の例

趣味をもったり技術を習得することは、人生を豊かなものにしてくれます。ただ、やりすぎる人にはある心理が隠れている可能性もあります。

英会話
ABCD
EFG
HIJ
「海外旅行に役立つし、語学を生かした仕事もできるかも」
アロマテラピー資格
「セラピストになるのもあこがれ！ 資格を取ればいくつになっても働けるし……」
料理
「奥さんになる準備もしておきたい！ レパートリーも増やしたい！」
ピアノ習得
「楽器が弾けるってかっこいい！ 特技もほしいんだよなぁ」
また別の興味へ…

習い事を始めても「自分に合っていない」「もっと違うことがしたい」と飽きてしまい、次から次へと目的や目標を変えていく。いつまでも理想を追い続けている状態。

＊**知覚速度**　カナダの心理学者、キムラらはテストを実施し、知覚速度に関するテストは女性のほうが得意である、という結果を得ている。

## 11 スポーツ観戦が好きな女

### 好きなチームへの依存感情が心の安定をもたらす

### 集団を自分自身と同じものと感じる

野球やサッカーの試合を観戦して熱心に応援するファンのなかに、最近は女性も目立つようになってきました。自らプレーするわけでもなく、さらには、自分自身でそのスポーツを経験したことさえない人たちが、なぜスポーツ観戦に熱狂できるのでしょうか。

彼女たちの行動を読み解くカギは**「集団同一視」***という心理。ある集団（スポーツチームのファン集団）に所属して、集団の一員であることに好意や高揚感を感じる（「チームが勝つとうれしい」「ファン集団のマナーを褒められると誇らしい」など）と、その集団に親愛の情や依存感情をもつようになります。さらに、それが高じると、ほかのことを多少犠牲にしても、集団に尽くすことに喜びを感じるようになります。その**集団が身内であり、自分自身であるとさえ感じる同一視**は、心の安定と調和を図るための**防衛機制**（▶P116）のひとつです。

とくに女性の場合、男性よりも協調性に優れているため、感情を他人と共有しながら集団の中に身を置くことが心地よいと感じる傾向が強いようです。

### 動物的本能と母性本能の働きも

女性が男性のスポーツに熱狂するのは、異性に対する女性ならではの感情も関係しています。スポーツマンの男性は力強くたくましい印象を与えてくれるため、女性本来の**「強い子孫**

＊**集団同一視**　集団の価値観やルールを積極的に取り入れ、「集団＝自分」と考えるようになる状態。同一視する集団を実態以上に高く評価する傾向にある。

**を残したい」という動物的本能を刺激される**のです。「スポーツマンは強いから好き」というのは、女性にとっては当然の感情といえます。

また、スポーツマンを応援する女性は、母性本能によって「援助」の気持ちが働きます。さらに、応援して興奮するうちに、ますます好きになっていくという心理状態も、女性スポーツファンの熱狂ぶりに拍車をかけているのです。これは**「吊り橋効果」**＊と呼ばれるもので、応援の興奮によって陥るドキドキの状態を、恋愛感情によるドキドキと勘違いして認識してしまうために起こります。

## なぜスポーツ選手がモテるのか？

活躍しているスポーツ選手は輝いて見えるもの。ですが、女性にはそれだけではなく、スポーツ選手に惹かれる理由がほかにもあるのです。

### 動物的本能

いつも
応援してる！
強い遺伝子が
ほしい！

女性は、優秀で強い遺伝子を求めている。そのため、強靭な精神と肉体をもったスポーツマンに惹かれる。

### 興奮からくる愛情

勝つかどうか
ハラハラする！
ドキドキの展開
＝
好きのドキドキ

期待や不安を伴う試合展開で起こるドキドキした気持ちが、恋愛をしているときのドキドキと混同してしまい、応援している選手が気になる。

＊**吊り橋効果**　吊り橋を渡る興奮を恋愛感情と誤認する心理メカニズム。デートでジェットコースターに乗ることは、相手に自分のことを好きだと思わせるのに有効とされる。

# 12 下ネタが平気な女

## 自己顕示欲や性的コンプレックスが生み出す行動

### 女を下ネタに導く3種類の心理状態

男性同士の気さくな会話になると、盛り上がる定番の話題ともいえる下ネタトーク。男女がそろう飲み会などでは、女性でも軽い下ネタなら「ノリがいい」「場を盛り上げた」と、男女どちらからも好感触で受け入れられるものです。

ところが、下ネタ談義に強引に割り込んだり、自分自身の生々しい体験談まで披露する女性がときどきいます。聞いている人たちが引いているのもまったくおかまいなし。そういった女性の行動は、いったいどのような心理によるものなのでしょうか。

考えられる理由は、大きく3つあります。まず、単純に**男性と仲よくなりたい**という心理。下ネタは、男性と一緒になって盛り上がり、仲間意識を共有するには手軽な手段だからです。ふたつ目は**自己顕示欲の強さ**。「自分は男性とも対等に話すことができる」「ほかの女性とは違う」という強い自己顕示欲が、下ネタトークに走らせる要因と考えられます。

そして、3つ目は**性的コンプレックス**＊**の裏返し**の場合。恋愛や性体験があまりない人が、経験豊富と思われたいために、経験を誇示する意味で赤裸々な発言をするわけです。

### 女は下ネタが嫌いなわけではない

「女性は下ネタが嫌い」という通説があります。実際はどうなのでしょう。

アメリカの心理学者、キャロルは、さまざま

＊**コンプレックス**　正しくは「劣等コンプレックス」のことで、自分が他人より劣っていると感じることによって起こる感情。容姿、能力、嗜好などがその原因となる。

なジョークに対する聞き手の反応を調査する心理テストを行っています。下ネタ、自虐ネタ、社会風刺ネタなど、あらゆる内容で調べた結果、**面白いと感じる話題に男女の差はとくに見られない**と発表しました。

つまり、女性で下ネタが苦手な人の場合も、毛嫌いしているわけではないと考えられます。毒のない面白い下ネタなら、下ネタが苦手な女性でも眉をひそめることは少ないでしょう。話の内容が生々しすぎたり、誰かをターゲットにしてバカにしたような笑えない話の場合は、「好きじゃない」と思うのです。

## 好きな話題はコンプレックスの裏返し!?

自分が他人よりも劣っていると感じることから生まれるコンプレックス。ある行動は、この劣等感の裏返しとして起こります。

### 悪口

悪口は自尊心の高揚、回復のための行為。自分に自信がない部分に対し、他人の同じ部分を攻撃することで自尊心を保つ。

### 自慢話

自分を大きく見せようと虚勢を張るタイプは、自慢話が多い。自分に自信がないため、自慢話で自尊心を回復しようとする。

### カタカナ用語を頻発する

カタカナ用語をよく使うタイプは、知性へのコンプレックスの裏返し。なじみのない言葉を使い、実力以上に見せたい証拠。

## 13

# ブランド物を買いあさる女

### 欲望の正体は社会的評価を上げたい気持ち

## ブランド品で自分の価値を高めたい

　ブランド品が大好きで、あらゆるブランドの商品や人気の商品を手に入れないと気がすまない女性は少なくありません。そのような人は、なぜブランド品に目がないのでしょうか。

　それは、ブランド品が「誰もがあこがれるもの」だからです。さらにいえば、**身に付けることで、自身の社会的価値を押し上げてくれる**と思わせてくれるものだからなのです。自分に自信のもてない人ほど、ブランド物の洋服やバッグを利用して、他人からうらやましがられようとしてしまうようです。男性の場合、高価な腕時計や高級車などが、それと同じ意味をもちます。社会的に評価の高いものを身に付けることで、自分まで社会的評価が高くなったと思うのは、心理学的には、ブランド品と自分を**「同一視*（同一化）」**していることになります。

　また、多くの女性に支持されて売れているブランド品を、自分もほしいと思うようになるのは、周囲に遅れまいと同じ行動をとりたがる**「同調行動」**という心理が働くためです。

## お姫様扱いもクセになる魅力

　ブランド品をほしがる女性に共通するもうひとつの心理は**「自己愛*」**。自己愛は誰にでもあるものですが、「人よりも優れていると見られたい」「自分は特別な存在でいたい」という気持ちが高じてブランド品を手放せなくなるのは、自己愛の強い人です。

＊**同一視**　自分にはない他人の特性や何かの特徴を自分のものとして考えることで、劣等感を抑え満足感を得ようとする心の動き。心の安定を図る防衛機制（▶▶P116）のひとつ。

**自己愛は、他人に認められたり褒められたりすることで満たされます。**そういった意味では、ブランド品を買う行為は自己愛を満足させるのに好都合といえます。なぜなら、ブランドショップは、店員がお客様に対して「よくお似合いです！」などと声をかけ、ちやほやしてくれる場所だからです。ショップでの「お姫さま扱い」も、自分自身の社会的価値が高まったかのように思わせる仕掛けなのです。

女性は、人が狩猟生活をしていた昔から守ってもらう受動的立場でいたため、「認められる」ことを強く欲してしまうのかもしれません。

## 自己愛とブランド品

自分自身を愛することを自己愛といいますが、人間関係で自己愛が満たされず、ブランド品で補おうとする人がいます。

### 他人によって 満たされる自己愛

自分の努力や言動を、他人に褒められたり認められることで、自分に自信がつき、自己愛を深めるケース。

### 物で 満たされる自己愛

他人がうらやむようなブランド品を持つことで、自己愛を深める。自分の内面を高めず、表面的なことで満たそうとする。

＊**自己愛**　自分自身を大切に思う感情。強すぎると、自分が優越的で特別な存在と思い込む。そのため、自分に対する否定や批判を異常に嫌う性格になる。

14

# 写真を撮りたがる女

## 共感を強く求める気持ちや不安感から写真を撮りまくる

### 写真は感情を分かち合うための道具

「写真が趣味」という人は、その昔はほとんどが男性でした。時代は変わり、高性能でコンパクトなデジタルカメラやカメラ機能の付いた携帯電話が普及し、誰でも手軽に写真が撮れるようになったことから、女性の間でも写真を撮る人が増えてきました。「写ガール」や「カメラ女子」といった言葉が使われるほど、「写真を撮る女性」はちょっとしたブームの感さえあります。

男性に比べると、女性は撮るのも撮られるのも好きです。自分自身、スイーツ、ペット、風景など、普段の生活のなかで意識したもの、かかわるものを、何でもカメラにおさめようとします。なかには、自分で撮った写真を、ブログやSNSなどを利用して次々と公開する人も。

こうした行動の理由のひとつは**「自己開示」**（▼P218）です。自己開示とは、自分に関することをありのままに伝える行為で、良好な人間関係を築くうえで重要な役割をもつとされています。とくに女性は、**友人、知人に積極的に自己開示を行う傾向があり、写真による自己開示は、感情を誰かと分かち合いたいという気持ちの表れ**と考えられます。男性より**「共感」を好む女性ならではの行動**といえます。

### 幸福な思い出が「お守り」となる

また、写真には、思い出を振り返るのに適しているという特徴があります。不安感に弱い女性は、安心感や幸福感に浸るため、楽しい思い

＊**コントロール幻想**　「評判の店で買ったから宝くじは当たる」「禁煙したのでがんとは無縁」など、自分ではどうにもならないことを、自力でそうしているように思い込むこと。

出を振り返れるように、無意識にシャッターを切っているのかもしれません。楽しかった現場や思い出深いシーンを形にして残せる**写真はいわば、女性にとっては持っているだけで安心できる「お守り的存在」**ともいえるでしょう。

また、自身の予言や期待に添う行動をとることで、実際に予言通りの結果が表れる**「自《じ》己《こ》成《じょう》就《じゅ》的《てき》予《よ》言《げん》」**（▶P111）という現象があります。「これを持っていれば大丈夫」という*コントロール幻想が、ときには実際の効果をもたらすため、女性は自分で撮ったお気に入りの写真を携帯に保存したり飾ったりするのかもしれません。

## 写真は心の安定を図るツール

写真は撮ったあとの活用法がいろいろあります。とくに女性ならではの活用法とはいったいどのようなものなのでしょう。

**自己開示のため**

自分の好きなもの、自分が体験したことを、誰かに見せるため。ブログアップ用の写真など。

**共感してほしい**

自分が感動したもの、驚いたものなどを、誰かと共有し、その感情を共感してもらうため。

**安心感を得たい**

以前に撮った思い出の写真を見ることで、ほっとした安らぎや幸福感を味わいたい。

**お守りとして**

パワースポットの写真や自分が大切にしている写真は、お守りの意味もあって携帯する。

15

# ぬいぐるみが好きな女

## ぬいぐるみに触れるのは不安を解消するため

### 親の代わりに安心させてくれるもの

部屋のソファやベッドにたくさんのぬいぐるみを置く女性がいます。なかには、抱いて寝るのが好きな人もいるようです。こういう女性は、ぬいぐるみや抱き枕など、**ふわふわした物の触感によって安心感を得ている**のです。

幼い子が、いつものタオルケットやお気に入りのぬいぐるみがないと不安になって寝付けないというのも、これと同じです。イギリスの医師、ウィニコットは、幼児が肌身離さず持ち歩き、それがないと不安になる物のことを「**移行対象**」と名付けました（心理学では「**ライナスの毛布**」*と呼ばれることもあります）。ひとりでは生きていくことのできない赤ちゃんは、親に守ってもらうことで、安心感を得ると同時に成長できます。子どもが親の手から少しずつ離れるなかで社会とのかかわりをもつようになる（この状態を心理学では「**移行**」と呼びます）とき、**親の代わりに安心感を与える役割を果たす**のが、移行対象なのです。

心理学者、ホートンは「**移行対象は、幼い頃の親の代理としてだけではなく、形をさまざまに変え、生涯を通して見られる**」と述べています。大人になった女性たちは、心地よい手ざわりのぬいぐるみに触れることで、**いろいろな不安から解放されて心の落ち着きを取り戻している**と考えられます。さわることによる癒しの効果は、箱庭を使って砂遊びをする「箱庭療法」（▶P16）という心理療法にも応用されています。

＊**ライナスの毛布**　ライナスは、スヌーピーで知られるアメリカのマンガ『ピーナッツ』に登場する男の子。いつも毛布を持ち歩き、手放すと不安で体がふるえてしまう。

## 自分をさわるのも不安解消が目的

小さな子どもが親にそばにいてほしいと思うように、自分以外の誰かを求める気持ちを**「親和欲求」**といいます。自分の体をさわるくせのある女性は、親和欲求が強い傾向にあるといえるでしょう。自分をさわるのは、いわば、ぬいぐるみや毛並みのやわらかいペットがそばにいないときの仮の対処法。**不安を解消するために自分をさわって親和欲求を満たしている**のです。イギリスの動物学者、モリスは、この状態を＊**「自己親密性」**と呼んでいます。

### ぬいぐるみを求める理由

ぬいぐるみをかわいがるのは、多くの女性に見られる行為です。そこには「かわいいから」という理由だけではない心理が隠されています。

**親離れのための道具**

子どもが親との共生関係から卒業するための道具。大人になっても、心の寄りどころとして大切にする。

**さわることでの安心感**

ふわふわしたやわらかい物に触れると心が落ち着き安心感が生まれる。女性は親和欲求が強いため、とくに好む。

**愛情対象**

自分の子どもやペットと同様、愛情を注ぐ対象。母性が発揮されると同時に、孤独を癒してくれるため大切な存在に。

＊**自己親密性**　自分で自分の体をさわることで、仮の親密性を求めること。不安を解消するために、人は「頬づえをつく」「唇を指でなでる」などの行動をとる場合がある。これを「自己親密行動」という。

# 16 新商品に飛びつく女

## 女が目新しいスイーツや化粧品に惹かれる理由

### ささやかな幸せをもたらすもの

「新発売」と聞いただけで心が躍り、目新しい商品を目にしたとたん、ついつい財布のひもがゆるんでしまうことはありませんか？　しかも、以前からほしかった物というわけでもなく、とくに大きく興味を惹かれる物でもないのに「新発売」と聞くと、なぜかほしくなってしまう。その傾向は、とくに女性に多く見られると感じる人もいるのではないでしょうか。

もちろん、新しい物にすぐ手が伸びる男性もたくさんいますが、女性の場合、スイーツや雑貨、コスメなど、比較的手頃な価格で求められる商品に目が行きがちなのが特徴です。女性は男性に比べて、**日々のささやかな幸福感を大切**にします（▼P24）。そのため、男性が関心を抱く画期的な家電商品やハイスペックなスマートフォンといった新商品ではなく、**身近で低価格な物に興味を示す傾向がある**のです。

また、サプリやコスメ、日用品など、女性はサンプルが大好きです。とくに、コスメやサプリの新商品サンプルが付いてくるとなれば、予算オーバーの商品でも、買ってもらおうとする傾向にあります。目新しい物が登場すると、つい試してみたくなり、飛びついてしまうのでしょう。

### 新しもの好きはチャレンジ精神旺盛

新しい物に目がない女性は、見方を変えれば「好奇心が強いタイプ」といいかえることもで

＊**こわいもの見たさ**　危機感やスリルを感じるものほど、かえって体験したくなる心理状態。バンジージャンプやお化け屋敷などは、この心理をついたアトラクションといえる。

きます。たとえば、得体の知れない風変わりなメニューに遭遇したとき、目新しければ「*こわいもの見たさ」で試してみようとするのは、まさに好奇心のなせるところ。男性が大胆な行動をとる場合は名誉欲などが原動力となるものですが、女性は**好奇心から思いきった行動を起こす場合**が少なくありません。このような好奇心のことを心理学的には**「新《しん》奇《き》性《せい》追《つい》求《きゅう》気《き》質《しつ》」**といいます。これまでに出会ったことのないものへの期待感が強いために、飽きやすく衝動的な行動をとる一面も見られがちですが、チャレンジ精神が旺盛という強みをもっています。

## 好奇心が強い 新奇性追求気質

好奇心が強い人のことを「新奇生追求気質が強い」といいます。そのような人にはどのような特徴があるのでしょう。

**新奇性追求気質の強い人の特徴**

**衝動的**

思い立ったら即行動に移す、やりたいことに対してブレーキがかかりづらいタイプ。

**見栄っぱり**

他人が持っていないものを持ちたがるなど優越感を得たいタイプ。

**飽きっぽい**

情熱が長続きせずすぐに飽きてしまう。移り気で熱しやすく冷めやすいタイプ。

# 17 体にいいことが好きな女

## 「これがいい」と言われると信じてしまう女脳

### 女は暗示にかかりやすい

体にいいとされる食べ物の情報を雑誌やテレビ番組で仕入れると、手に入れて口にしないと気がすまない。目新しい健康法の話を聞くと、とりあえず試してみたくなる。そういう女性は多くいます。なぜなら、女性はこの種類の暗示にかかりやすい傾向があるからです。

とくに、女性は不安感を抱きやすいために、**不安を解消してくれそうな暗示には、比較的簡単にかかってしまいます**。女性が不安感を抱きやすいのには、いくつかの要因が考えられます。

まずあげられるのは、**女性特有のホルモンバランスの影響**によるもの。生理前にイライラや不安が募るのは、ホルモンのバランスの乱れが大きな原因です。次に、**女性の脳の仕組み**によるもの。左脳と右脳をつなぐ脳梁《のうりょう》と前交連《ぜんこうれん》が男性に比べて大きく、左右の脳の情報交換が活発であるため、さまざまな考えをめぐらせた結果、不安感が増してしまうのです。

また、女性は男性より**自己評価が低い傾向**にあり、**他人への同調性が高い傾向**があるのも、暗示にかかりやすい理由です。自分に自信がないために「これがいい」と言われると、つい同調して「これだ」と思い込んでしまうのです。

### 「体にいいこと＝痩せる」への期待感

そして、「痩せる」ということに敏感な女性ならではの性質が、「体にいいこと」を好むことにも大きく影響しています。それは**「体にい**

＊**プラシーボ効果**　思い込みが体にいい影響を与える効果のこと。医者が薬理効果のないものを「よく効く薬」と言って患者に飲ませると、症状がやわらぐ場合がある。

**いこと＝痩せる」**につながる場合が少なくないからです。「新陳代謝がよくなる」「冷え症に効く」といった健康法が「太りにくい体質になる」「むくみが取れる」などの効果を生むために、女性はより「体にいいこと」に惹かれていくのです。さらに「体にいいこと」は、心理学的には、思い込みが体に影響を及ぼす**「プラシーボ効果」**[*]との関係も大。「体にいいこと」と信じることで効果が期待できるため、少しでも効果が見られると「これをやったおかげですごい調子がいい！」とますます女性は暗示にかかりはまっていくのです。

## プラシーボ効果とノーシーボ効果

心理的要因が体に影響を及ぼすプラシーボ効果とノーシーボ効果。「病は気から」は本当なのでしょうか。

### プラシーボ効果

偽の薬なのに
体調がよくなる

ノンアルコール
ビールなのに
酔った気になる

薬効成分を含まない偽薬を薬だと偽り投与すると、患者の症状がよくなるという治療効果から、思い込みの力が状態を変化させる効果をいう。

### ノーシーボ効果

偽の薬なのに
やめたとたん、
体調が悪化する

顔色が悪いと
言われたとたん、
体調が悪くなる

思い込みで望まない状態になってしまうのがノーシーボ効果。ネガティブな気持ちが体調にも影響する。

18

# 電話もメールも長い女

## 長いわりには他愛のない話を続けたがる女の心理

### 感情を伝えたい

毎日の生活に欠かすことのできない電話やメール。男性に比べると、女性は長電話をしたり、メールのやりとりを頻繁に繰り返す人が多いようです。しかも、その話題は長くなければならない必然性はあまりなく、話しているのは他愛のないことばかり。ときには、男性にうんざりされる状況を招くこともあります。

一般的に、コミュニケーションには2種類の意味があります。ひとつは、ある目的のために行う情報伝達的コミュニケーション。ビジネス上の連絡や報告などは、これにあたります。そして、もう一方は、自分の感情や気持ちを表すためのもの。これを**「表出的*コミュニケーション」**といいます。「不安を解消して安心感を得たい」という欲求から、女性は電話やメールを通じて自分の気持ちを表そうとするのです。

それに比べて、男性は電話やメールを、プライベートでもビジネスと同様に、おもに連絡の手段と捉えるので、相手がパートナーであっても「用件がすんだら、さっさと次の行動に移りたい」と思いがちなのです。

### 平和を好み協調的な女脳

長々とした電話やメールの要因には、女性の**「相手と共有したい」「感情を分かち合いたい」**という感情も関係しています。

男性は、生まれる前に母親のお腹の中でテストステロンという男性ホルモンを大量に浴び、

＊**表出的**　表出とは心の中のものを外に表すこと。「表出的コミュニケーション」は感情を表すために行うコミュニケーション。対義語は「道具的コミュニケーション」。

闘争心や競争心が強くなります。あまり浴びない女性は、**平和を好む協調的な性質**をもちます。そのために、些細なことでも共有しておこうとする意識が生まれるのです。

太古、人が狩猟生活を送っていた頃、男たちが狩りに出かけている間、女性の役割は集落を助け合って守ることでした。そのために、周囲と円滑にコミュニケーションをとる能力が必要不可欠だったのです。それで、仲間と上手にコミュニケーションをとるコツとして、話の内容以上に感情を分かち合うこと自体に重きを置くようになったと考えられるのです。

### 女と男の違い

## 電話とメールの存在

身近なツールとして必要不可欠となった電話とメール。便利なツールですが、使い方は女性と男性では、大きく異なっています。

**女性**

近況報告
相談
暇つぶし

**表出的コミュニケーション**

自分の気持ちや感情を表現するツール

**男性**

用事のみ
用件が終わったら早く切りたい

**道具的コミュニケーション**

必要最低限の目的を遂行するためのツール

## 19 プレゼントが好きな女
### もらううれしさも選んであげる楽しさも味わいたい

### もらったらお返しをしたくなる

女性は大きなプレゼントはもちろんですが、小さなプレゼントをちょこちょこもらうのも好きです。**「いつも気にかけてくれている」と実感することで安心感を覚える**のです。

そういう意味では、女性は人にプレゼントをあげるのも嫌いではありません。「いつも相手のことを気にかけてあげる自分」を演出して、**相手との良好な関係を確認できる**からです。

また、心理学では**「好意の返報性」**といいますが、人は、好意を与えられると好意を返したくなる性質をもっています。プレゼントをもらった女性が相手にプレゼントを返したくなるのは、この性質によるものです。

---

ただし、プレゼントで気をつけたいのは、高価すぎるものなど度の過ぎたプレゼントは相手の負担となるため、返報性の法則は成り立たなくなるということです。アメリカの心理学者、ガーゲンは、心理的な負担を調べるための実験を行っています。被験者にゲームをさせてチップを貸すという方法で、以下の3通りの条件をつけました。「貸したチップは返さなくていい」「貸した分だけ返してもらう」「利子をつけて返してもらう」。そのなかで、被験者の**心理的負担***がもっとも軽かったのは、貸した分だけ返す場合でした。返さなくていいほうが負担がないように思えますが、逆に「借りを作ってしまった」という気持ちが芽生えてしまうようです。**「重すぎる」プレゼントは逆効果**なのです。

＊**心理的負担**　タダで物をもらうのは心理的な負担となる。試食やお試しセットを体験したとき、「買わないと悪い」と何となく思ってしまうのは心理的負担によるもの。

## プレゼント選びも楽しめる女脳

女性は、左右の脳の情報の行き来がスムーズな分、**目的以外のものもいろいろと見て回って比較し、一番いいものを選ぶのが得意**です。買い物となると目当ての商品にしか興味のない男性に比べて、相手の喜ぶ顔やプレゼントを使ってくれる場面をあれこれ想像しながら、楽しくプレゼント選びができるのです。

さらに、相手の好みを知っていて、それを**満たしてあげられたと思う自己満足感**も、女性のプレゼント選びのモチベーションを高めます。

## プレゼントの動機は？

プレゼントは人生の多くの場面で行われている行為です。ただし、そこには、さまざまな動機が存在します。

**1 愛情**

親が子どもに贈るプレゼント、友人やパートナーに贈るプレゼントは愛情からの贈り物。

**2 感謝**

子どもが母の日や父の日に贈るプレゼントは、日頃の感謝を示した贈り物。

**3 返礼**

お世話になった人や上司、恩師に贈るのは、お世話になった恩返しのための贈り物。

**4 投資**

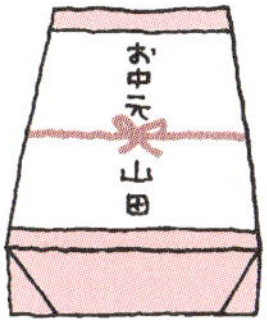


お歳暮など取引先の相手に贈るのは、仕事上のつながりを保持したい投資のための贈り物。

## 20 デザートは「別腹」な女

### 気分の問題ではなく「別腹」は実際に存在する

### 脳内ホルモンが別腹を作りだす

お腹いっぱいになるまでおいしいものを食べたあとでも、デザートを見ると不思議とまだ食べられる気がしてくる。とくに女性は、そういう経験を何度もしているでしょう。こんなときに「別腹だから」という言葉をよく使います。

別腹といっても、「あくまでもたとえとしての表現で、実際にあるわけじゃない」と思いますが、脳の研究が進んだ結果、意外な事実がわかってきました。つまり、「別腹」は存在するのです。

正確にいうと、**食べ物でいっぱいになっているはずの胃の中に新たな空間ができる**ということです。「おいしそう！」と感じると**オレキシン***という脳内ホルモンが分泌されて、胃や消化管の運動が活発化します。その結果、胃の内容物が小腸へと送り出されて、**胃に新しいスペースができる**のです。

人の体は、食事をして血糖値が上がると満腹を感じるようにできています。満腹感は、いわば食事をストップさせるための脳からの信号。しかし、実際には**満腹でも脳が「これまでの経験上、これを食べるとさらに満足感を得られる」と判断した場合**は、特例的に「別腹」が用意されるというわけです。

### 女は赤ちゃんのときからすでに甘党

女性の場合、男性に比べて、デザートやスイーツに目がない人が圧倒的に多いのは、どう

＊**オレキシン**　脳の視床下部で作られる物質で、普段は血糖値が下がったときに分泌される。近年の研究で「脳内食欲亢進物質」のひとつとされるようになった。

いうわけでしょうか。

アメリカの心理学者、ニスベットは、男女の甘味嗜好の違いを調べる実験を行いました。対象は男女の乳児。普通のミルクと甘くしたミルクを与える実験を行ったところ、普通のミルクより甘いミルクのほうを好んで飲んだのは、男児よりも女児のほうが多いという結果でした。

この実験で、女性は**赤ちゃんのときからすでに甘い物好きという性質を備えている**ことが明らかになりました。これは、女性ホルモン・エストロゲンの分泌が甘味嗜好を導いていると考えられています。

## 別腹が作られる仕組み

満腹なはずなのに、デザートは食べたい、デザートなら食べられそう、という女性は多くいます。別腹はどのようにして作られるのでしょうか。

満腹のはずが、ケーキなどのデザートを見ると……

**胃の動き**

「オレキシン」が分泌され、胃の内容物を小腸に送り出す

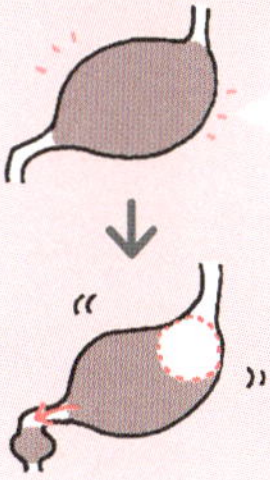

「おいしそう!」と思うことで、「食べたい」という欲求が生まれる

欲求を満たすためオレキシンが分泌される

**胃に新たなスペースを作り、別腹ができる**

経験から「おいしいもの」とわかっているため、その欲求を満たそうとする。

COLUMN 1

# 女心をくすぐるマーケティング術

女性がつい買ってしまう商品や商法には、心理学が役立てられています。当たり前のような手法にも、女心をしっかりつかむ秘密が隠されているのです。

マーケティング術 1

## 「おまけ付き！」「サンプル差し上げます」

↓

ちょっとしたお得感が購買意欲をアップさせる

買うとサンプルプレゼント

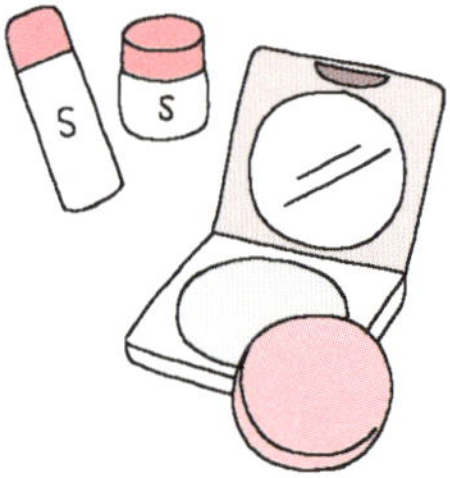

付録付き雑誌

## ● 一度で二度のおいしさ

女性向け雑誌には付録が、化粧品やヘアケア製品などにはサンプルが付いていることが多く見られます。これは、**「ちょっとしたお得感」「ささやかな喜び」を重要視している**（▶P24）女性に有効な販売方法です。

女性は、めったにない大きな利益よりも、**しばしばやってくる小さなお得感の積み重ねに幸せを感じやすい傾向**にあります。そのため、付録やサンプルプレゼントに惹かれるのです。

マーケティング術 2

## 「1週間で5kg痩せる大人気のあのダイエットとは？」

↓

続きのある情報、途中の段階の情報を完成させたくなる

1週間で
5キロ
痩せる
あのダイエット
Buy

「大人気のあのダイエットとは？」という情報を目にする。

「あのダイエットって？」と詳細が気になる。

ホームページを読むことで購買意欲がわく。

### ●中途半端を完成させたくなる

「この続きはCMのあと」「続きは来週」。このようなフレーズを聞けば、多くの人は続きがとても気になるものです。このように、物事が途中で中断されると続きを知りたくなる心理効果を**「ツァルガルニック効果」**といいます。人は、中断された中途半端なものを完成させたくなるという心理です。

ダイエット商品でも「確実に痩せる！〇〇ダイエット」と確定されたフレーズよりも「うわさのあのダイエット」とまだ完成されていないフレーズのほうが気になります。続きを知るためにホームページにアクセスしたり、店頭に出向いたりする行動に結び付き、購買意欲がかきたてられるのです。

マーケティング術 3

## 「今年はアッシュカラーが人気！」

大多数が認めているものは
「いいもの」と思ってしまう

テレビや雑誌で流行色の特集を読む。

ショップで「今年イチオシのアッシュカラー」と書いてあるのを見る。

アッシュカラーのものを購入してしまう。

### つい同調してしまう心理

「今年は○○が流行る」「いちばん人気は○○」。ちまたにはこのようなフレーズがあふれています。こういった情報が流れると、さらにその商品への支持が強くなるという現象があります。これを**「バンドワゴン効果」**といいます。バンドワゴンとは、パレードの先頭を走る「楽隊車」のことです。

群衆心理における**同調行動**（▶P42）のひとつですが、とくに女性は同調性が強い傾向にあるため、バンドワゴン効果が有効であると考えられます。

逆に、ある商品が大流行し大量に流通しすぎたため、その価値が下がってしまうことを**「スノッブ効果」**といいます。

マーケティング術 4

## 「キラキラ」「いい香り」「フワフワ」

↓

「視覚」「嗅覚」「触覚」など
五感が刺激されてほしくなる

やわらかいもの
すべすべのもの

触覚

好きな香りのもの
癒される香りのもの

嗅覚

輝くもの
色鮮やかなもの

視覚

## 女は五感が敏感

キレイなものや心地いいものは誰もが好みますが、とくに女性は鋭く五感が刺激されます。それは女性ならではの特性が関係しています。

まず「視覚」です。女性の網膜は薄く、**物の色や質感を感知しやすい**のです（▶P18）。そのため、キラキラしたものやカラフルなものを好みます。次に「嗅覚」です。女性は男性より**脳の嗅覚野が発達**していますので、匂いに敏感に反応します（▶P118）。そして「触覚」。女性は男性より**皮膚の感受性が強い**といわれています。皮膚への触覚がとても敏感なのです。

これらのことから、女性は五感を刺激する商品に弱いというわけです。

マーケティングのナゾ

# 女が詐欺商法に引っかかりやすいのはなぜ？

**女は暗示にかかりやすい**

女の特性 1 自己評価が低い

この教材なら
スキルアップ
間違いないですよ！
A B
C D
確かに何の取り柄も
ないしな……

女の特性 2 同調性が強い

20～30代女性に
圧倒的な支持を
受けてます！
じゃあ、
私も……

## つい信じてしまう女の特性

詐欺に引っかかりやすい人の特徴のひとつに「暗示にかかりやすい」という点があります。女性は男性に比べて**被暗示性（暗示にかかりやすい）が高い傾向にある**といわれています。

被暗示性が高い人の特徴には、**「自己評価が低い」「同調性が強い」**という点が見られます。女性は、**承認欲求**（▶P160）が強い傾向にあり、これは自己評価の低さからと考えられます。また、同調性の強さは、ホルモンの影響による女性ならではの特徴です。

女性は、自己評価の低さから他人の言動が正しく思え、その不安からつい同調してしまい、詐欺に引っかかってしまいやすいと考えられるのです。

# 第2章

# 恋愛における女の心理

# 1 近くにいる男を好きになる

## 「周りにいい人がいない」なんてウソ!?

### 近くにいる人に好感をもつ

女性には**優秀な遺伝子を残したいという本能**があるため、男性に比べて異性を見る目が厳しい傾向にあります。婚活でも相手探しに積極的なのは女性側ですが、出会いを探し回るよりも、実は身近なところにこそ、「いい人」がいるのかもしれません。

アメリカの心理学者、カーンは、相対する距離を変えて会話をしたときに、男女間の好感度が変わるかどうかを実験しました。ひとりの男性に対し、女性のひとりは50センチ程度、もうひとりの女性は2メートル程度の距離をとって会話をしてもらい、どちらにより好感をもつかを調べたのです。その結果、**男性も女性も近くにいた異性に対してより好感をもちました。**この実験は、数人の女性に繰り返し行いましたが、やはり同様の結果になりました。

また、アメリカの心理学者、フェスティンガーが大学寮に入った学生を調査した結果、最初は部屋の近い者同士が親しくなることがわかりました。初対面で近い距離にいる人同士が仲よくなる現象を**「近接の要因」**といいます。

これらの実験からもわかるように、人の間の物理的距離は、心理的な距離と密接な関連があります。人はそれぞれに[*]**パーソナルスペース**をもっていて、他人がある一定の距離以内に近づくと不快に感じますが、親しい相手や好意をもつ相手なら近い距離でも平気ですし、歓迎されることなのです。

***パーソナルスペース**　他人が自分に近づくことを許せる、自分の周囲の空間のこと。4つのゾーンに大別して説明され、文化差、性差などによって距離感は変わる。

## 近距離恋愛は成就しやすい！

アメリカの心理学者、ボッサード*の調査でも、**物理的距離が近いほど心理的距離も近くなること**がわかっています。既婚のカップル5000組を調査したところ、その1／3は結婚前に5ブロック以内に住んでいました。そして結婚前にふたりが住んでいた場所が離れていたカップルほど、別れる確率が高かったのです。「周りにいい人がいない」と思っていても、いつも身近にいる人こそ、恋人候補の可能性があり、恋愛も成就しやすいのかもしれません。

### パーソナルスペースとは？

人は他人との物理的な距離を無意識のうちに測っています。その距離は、心の距離に表れていると考えられています。

公的ゾーン
同じ場にいるだけ、といった個人的な関係ではない
社会的ゾーン
仕事の関係者など、あくまでも社会的な関係
対人ゾーン
友人などプライベートでのつき合いがある関係
親密ゾーン
恋人や家族など、とても親しい関係
50cm以内
50～100cm
1～3m
3m以上

**物理的距離＝心理的距離**

親密な相手には、体が触れるぐらい近くにいても不快感がないが、仕事でしかつき合いがない相手にぐっと近づかれると、とまどいを感じる。

＊**ボッサードの法則**　男女の間では、物理的距離が近いほど心理的距離が近くなる。また、交際中も、物理的距離が離れているほど結婚の確率が低くなるというもの。

# 2 自分と似ている男を好きになる

## 自分と似ている人ならパートナーとしても最適……？

### 似た者同士が惹かれ合う

　街中で見かけるカップルの多くは、容貌やファッションセンスなどのレベルが同等で、つり合いがとれていることが多いです。これは**「マッチング・セオリー」**＊と呼ばれ、恋愛のパートナーを選ぶときに、人は外見的魅力や社会的地位に関して同程度の相手を選ぶためと考えられます。

　人と人が親しくなるとき、その要因として考えられるのは、まず物理的な距離が近いこと、**「近接の要因」**（▶P64）です。大学寮に入った学生を調査したところ、最初は部屋の近い者同士が親しくなるという結果が出ています。しかし、その後も調査を続けたところ、しだいに考え方や性格、態度が似ている学生同士が親しくなっていきました。これは、共通点がある者同士が親しくなる**「類似性の要因」**と呼ばれるものからくる現象です。

　人は自分と同じ要素をもつ相手に親しみや安心感を感じます。たとえば、出身地や出身大学が同じだったり趣味が同じだと、それだけでもぐっと親近感が増します。**自分と共通点や類似性のある相手は理解しやすく**、そのため共通点や類似性のあまりない人に比べて安心感をもってつき合うことができるのです。

　親和欲求が強く、共感を求める傾向にある女性は、とくに共通点や類似性を重視するといえるでしょう。そのため、自分と似ている人を選んでしまうのは女性のほうが多いと考えられます。

＊**マッチング・セオリー**　外見的魅力が同程度の男女が結びつきやすいという恋愛関係に関する仮説。社会的地位と容貌などの要因間でも成立するとされる。

## 結婚するならお互いに補い合える人を

しかし、ときには「なぜこのふたりがつき合うんだろう」と感じるような、性格のまったく違うカップルもいます。これは、お互いが自分にないものを相手に求め、足りない部分や弱点などを補い合う**「相補性」**のカップルだからです。実は結婚においては、類似性カップルより相補性カップルのほうがうまくいくということが夫婦を対象にした調査で明らかになっています。このように相補的な関係にあるふたりがうまくいくという考え方を「相補説」といいます。

# 類似性と相補性

似た者同士とまったくタイプが異なる同士。どちらのカップルも存在します。両方のカップルともうまくいく理由があります。

### 類似性カップル

趣味が
同じ
家にいるより
外出するほうが
好き
ふたりとも
社交的な
性格

性格や好きなものが似ていると、共通の話題が豊富であったり、相手の気持ちがわかりやすい。ストレスも感じにくく、安定した関係を築ける。

### 相補性カップル

心配性
×
楽天家
支配的
×
服従的
世話好き
×
依存的

反対の性格やタイプは、お互いを補いうまくいく場合がある。役割が決まっているので、もめることも少ない。

# 3 女の浮気と男の浮気の違い

## 自己愛を満たしてくれる新しい相手との浮気は「本気」になりがち

### 女の浮気は心のすき間を埋めるため

「男は浮気をする生き物」といわれますが、男性はなぜ浮気をしたがるのでしょうか。

　進化心理学的に、男性は本能的に自分の子孫を残したいという欲求があり、できるだけ多くの女性とセックスをしたいという性的欲求が強いと考えられています。そのため、パートナー以外の女性ともセックスをしたくなるのです。

　一方、女性の浮気のきっかけは**「精神的なもの足りなさ」**にあるようです。女性は、性的な欲求で浮気をすることは少なく、**心理的に満たされないと感じるとき、そのすき間を埋めるために浮気心を起こします。**「人に褒められたり、尊敬されたい」という**自己愛を満たすための浮気**なのです。これは、アメリカの心理学者、マズロー*が提唱した人間の欲求の5段階のうち、4番目に高い**「承認欲求」**（▶P160）です。パートナーとの関係がマンネリ化して、自分に対する愛情を感じられなくなったときに、心のすき間を埋めてくれる相手を求めるのです。

### 女の浮気は本気になりやすい

パートナーに浮気をされたときの反応は、男女でどのように違うのでしょうか。

　男性はパートナーと浮気相手との間に性交渉があったかどうかが気になります。これは仮にパートナーが身ごもったときに「自分の子である」という確信をもちづらく、「自分の種」ではないという可能性があることが許せません。

＊**アブラハム・マズロー**　「人間性心理学」の先駆者。人間の欲求を示した「マズローの欲求5段階説」（▶P161）は、教育や経営学の世界でもよく用いられる。

一方、女性はその浮気が「精神的な浮気」かどうかが気になります。これは、男性が自分に対し、**愛し守ってくれる可能性が低くなったことに失望する**からなのです。

ただし、男性は、浮気で性的欲求が満たされれば満足するので、浮気相手との関係を引きずる可能性は低いと考えられます。それに対して女性は、浮気相手に対して精神的なつながりを求めがちなため、「浮気」が「本気」になって、現在のパートナーから新しい相手に乗り換えてしまう可能性が高く、女性の浮気のほうが男性の浮気より重い結果を招くと考えられるのです。

### 女と男の違い

## 浮気の心理

男性は「種の保存」という本能的な理由で浮気をすることが多いですが、女性は感情的な理由で浮気をしてしまいます。

**女性**

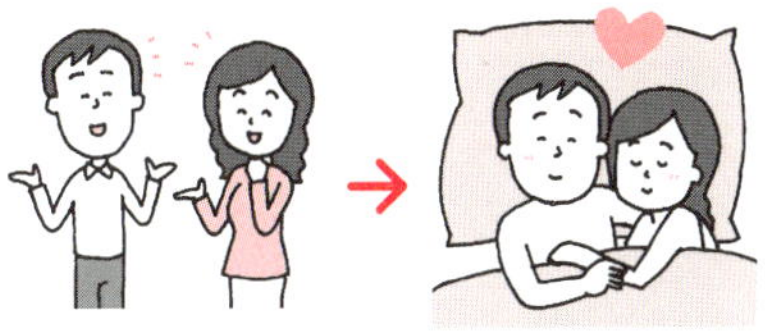

精神的に惹かれる　→　体の関係をもつ

**心が惹かれて浮気をする**

もっと強い遺伝子がほしいという本能的な部分もあるが「相手が好き」という感情がともなわないと浮気ができない女性が多い。

**男性**

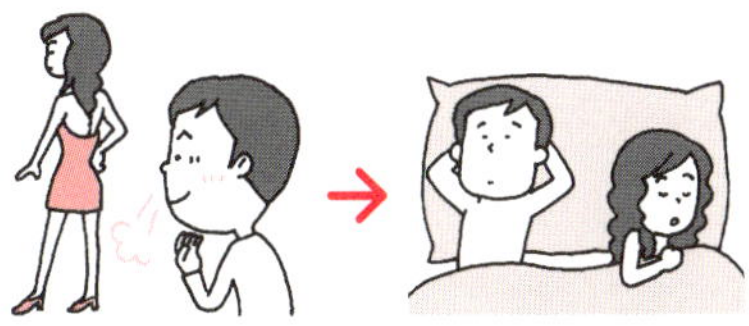

性的に惹かれる　→　体の関係をもつ

**体の欲求を満たすため浮気をする**

子孫を残していくことが男性の宿命。そのため、性的に惹かれる相手がいれば浮気をしてしまうことも。ただし一時の浮気であることが多い。

# 4 過去のことで男を責める

## 「海馬」が発達した女は、過去の体験をこと細かく記憶している

### 女が記念日を忘れないのは脳の違い

夫婦や恋人同士の口ゲンカでは、「あなたは去年も私の誕生日を忘れてた」「前にケンカしたときも○○○って言った」などと、女性は昔のエピソードをもち出して責める傾向が強いようです。逆に、男性はこうしたエピソードを忘れがちです。これは、女性が過去の体験などをこと細かく記憶する**「エピソード記憶」***に優れているために起こる現象です。

記憶は持続時間によって**感覚記憶**、**短期記憶**、**長期記憶**の3つに分類されます。エピソード記憶は、個人的な経験や出来事に関する長期記憶のひとつで、時間や場所、そのときの感情などが含まれます。「去年の夏休みは家族で伊豆に海水浴に行って、海の家でスイカを食べた。楽しかった」という思い出などの記憶のことです。

エピソード記憶の形成には脳の**「海馬《かいば》」**という部位が使われています。この部分が、男性よりも女性のほうが発達しているため、一般的に女性はエピソード記憶が得意で、昔の出来事をこと細かく覚えているのです。このため、男性にとっては些末で「そんなこと覚えてないよ」と思えることでも、女性としては覚えていて当然の出来事となるのです。

### 感情の起伏の大きさが記憶を強化

「海馬」以外の部分にも、脳の性差は見られます。男性の脳は、感覚的な右脳と理論的な左脳

＊**エピソード記憶**　人の「記憶」を持続時間によって分類したうちの「長期記憶」に含まれ、特定の日時や場所と関連した個人的経験に関する記憶。海馬や前頭前皮質がかかわる。

の機能の専門化が進んでいますが、女性の脳は**左右の脳をつなぐ「脳梁《のうりょう》」と「前交連《ぜんこうれん》」が大きく、左右の脳の連絡がよい傾向**にあります。男性の脳は右脳と左脳がそれぞれ独立して働きやすく、さらに感情とほかの脳の動きも独立して機能しがちです。一方、女性の脳は**感情領域が左右の脳に広く分布しているため、脳のほかの部分が活性化して働きだすと、同時に感情も動きます。**そして、エピソード記憶は感情を含めた記憶のため、感情の起伏の大きい女性のほうが体験や出来事について強く記憶していると考えられるのです。

## 女はなぜ記憶力がいい？

女性は男性と比べると、昔のことから細かいことまでよく覚えているものです。その差は、脳の作りに関係していました。

- **海馬が男性より大きい**
- **女性ホルモンが海馬の動きを活性化する**

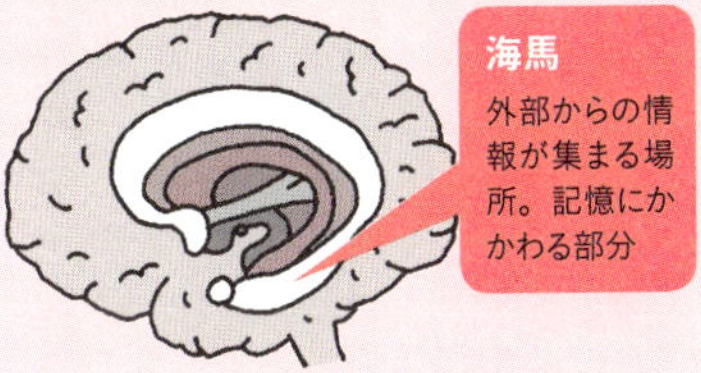
海馬
外部からの情報が集まる場所。記憶にかかわる部分

海馬に集まった記憶は、側頭葉に送られ長期間保持される。この長期記憶には、エピソード記憶という体験した出来事の記憶が含まれる。

＋

- **感情領域が左右脳に広く分布している**

女性は、感情部分が独立せず、ほかの働いている脳の動きと連動することがある。そのため、感情領域が男性よりも広いと考えられている。

↓

**感情の入った記憶はいつまでも忘れない**

# 5 女に対して「何でもいい」は禁句

## 女と男がちょっとした会話でケンカになるのは、深層心理の違いから

### 女は一緒に考えてほしい

女性は男性とのちょっとした会話からも機嫌を損ねることがあります。たとえば、男性に料理を作ってあげるときに「何がいい？」と聞いて、「何でもいい」と答えられたときなど。男性の反応に無責任や無関心な印象を受け、「せっかく作ってあげるのに、どうでもいいってこと⁉」というように、感情を高ぶらせてしまいがちです。そして、**長期記憶に優れる女性は**（▶P70）、**男性の過去の似たような行動を思い出して、ますます機嫌が悪くなっていく**のです。

男性は右脳だけで物事を考えるため、答えをひとつ出すのにも時間がかかります。そのため、とりあえず「何でもいい」と言ってしまいがちです。左右の脳を同時に使い、さまざまなことが思い浮かぶ女性にとってはそれが理解できず、「考えてくれない」と感じてしまうのです。

また、男性としては作ってくれる女性に対して気を遣い、「手間のかからないものでいいよ」という意味を込めた「何でもいい」だとしても、女性には通じません。男性は「結論」を重視するので、そこに隠れた理由まで表現する必要性を感じませんが、女性は会話でのコミュニケーションを重視するので、**思っていることを言葉にしないという態度自体がＮＧ**なのです。さらに、女性は「**共感性**」*が強く、**周囲の人に共感されたいという欲求が強い**ので、結論だけを提示されるより、一緒に考えてくれたり、一緒に悩んでくれることを求めるのです。

＊**共感性**　他人の喜怒哀楽の感情を共有すること。他人の感情を正しく推し量ることが必要。一般に女性は男性より共感性が強く、周囲の人に共感を求める傾向がある。

## 女は答えではなく共感がほしい

女性は、男性に相談をもちかけるときも「答え」ではなく「共感」を求めているケースが多いです。たとえば、女性が職場でイヤなことがあったという相談をしたとき、男性は女性の愚痴めいた話をさえぎって、問題解決のアドバイスをしがちです。しかし、**女性が求めているのはアドバイスではなく、共感されることによる安心感や肯定感**なのです。どんな気持ちかという話を詳しく聞いてくれて、「つらいね」「イヤなやつだね」と共感してほしいのです。

### 共感と共感疲労

共感性が強いのは女性の特徴です。ただし、共感が強すぎると、他人の感情がそのまま自分の感情になり、つらくなる場合もあります。

**共感**

他人の喜怒哀楽の感情を共有すること。友達や知り合いの楽しそうな様子を見て自分も楽しくなったり、つらい様子を見てつらい感情をもつ。

↓ 共感が強すぎると……

**共感疲労になってしまうケースも**

「つらいだろうな」「自分だったら……」など、他人の感情に寄り添いすぎると、まるで自分に起こったことのように精神が疲労してしまう。

6

# 別れるときも次の準備は万端

## 女は実際に別れる前から失恋後を先取りして準備している

### いち早く心の準備期間を設ける

恋人と別れるとき、感情的な女性のほうがあとに引きずってしまいそうな印象があります。しかし、心理学的に見ると、女性のほうが切り替えが早く、大失恋をしたあとにあっさりと次の恋人を見つけることができると考えられます。

女性は、誰かと一緒にいたいという**親和欲求が強い**ため、恋人と別れてひとりになることに強い不安があります。そのため、**別れようかどうか悩んでいる時期から別れを決めるまでの間に、現在の状況や将来のことまで考える心の準備期間を用意**するのです。一方、男性は別れるかどうか悩む期間はあっても、頭が別れるかどうかの判断だけに使われるため、次にどうするかまでは考えられません。そのため、別れたあと、女性は次に切り替えられるのに対して、男性はそこから心理的動揺に対処するので、立ち直るのにより時間がかかってしまうのです。

また、女性はコミュニケーション能力が優れていて、**相手の心が離れていくシグナルを鋭くキャッチできるため、いち早く失恋の可能性を察知して準備期間を設ける**ことができます。熟年離婚で、妻がさまざまな準備をしてから離婚を切り出すのに対し、夫はまったく気づいていなかったというケースが多いのもうなずけます。

### 失恋直後は周囲の人が魅力的に見える

失恋後、なぜすぐに次の相手を見つけることができるのでしょうか。

＊**自尊理論**　他人への評価は相対的になされるため、自己評価の上下によって、相手への評価も上下するという理論。自分に自信がないときは、相手を立派だと感じがちになる。

それは、**失恋して落ち込んだ精神状態のときに、人は恋に落ちやすい**からです。アメリカの心理学者、ウォルスターは、人は落ち込んで自己評価が下がったとき、周囲の人に対する評価が相対的に上がり、他人が立派に思えるようになると説いています。逆に、自己評価が高いときは周囲への評価が低くなり、ステキな異性がいないと感じるのです。これを**「自尊理論」***といいます。失恋直後は、ダメな自分に比べて周囲の人が魅力的に見え、自分を認めてくれる人に好意を抱きやすくなっているため、慰められたりすることで恋愛感情をもちやすいのです。

## 失恋直後に恋は始まっている

人は失恋すると、自己評価が下がる傾向にあります。自己評価が下がることで、周りの人が魅力的に見えるため次の恋の可能性も高まるのです。

**別れる予感**

なかなか会えない、会っても楽しそうじゃないなど、別れる予感を感じる。

**落ち込む**

もうこの人と別れるだろう、または別れたことで気持ちが落ち込む。

**周りが魅力的に見える**

自己評価が下がり、他人の評価が相対的に上がり、他人が魅力的に見える。

**思いがけない人に惹かれることも**

他人の評価が上がるため、今まで興味のなかった人までが恋愛の対象に。

# 7 いつも恋愛が長続きしない女

## 何度失敗しても自分以外に原因があったと考えてしまう

### 別れの原因はどこにある？

ひとりの男性と長くつき合い、結婚までたどり着く女性がいる一方で、恋人はできるのに長続きせず、「今度こそは」と思っても、別れを迎えてしまう女性がいます。このような「恋愛が長続きしない」女性には、どのような心理的要因があるのでしょうか。

ある出来事について、なぜそのようなことが起こったのか、その原因を推測する心の動きを、**「帰属」***といいます。帰属は、その理由付けの方向性によってふたつのタイプがあります。ひとつは、物事が起こった原因をその行動を行った人の性格や態度、能力に求める**「内的帰属」**です。もうひとつは、その行動を行った人の周囲の環境や状況に原因を求める**「外的帰属」**です。「恋人との別れ」を考えるときにも、どちらの理由付けに重きを置くかによって大きく異なってきます。

おもに外的帰属の考え方をする女性は、恋人とケンカしたときに相手や状況が悪いと考え、その原因が自分の中にあるとは考えません。たとえば恋人が手料理を残したとき、「せっかく作ったのに残すのって愛情が足りない」と非難し、「自分の料理のスキル」といった内的要因の可能性はあまり考慮しません。こうした女性は自分の非を認めないので、ちょっとしたケンカが大きな亀裂になって別れにつながってしまいがちです。そして、反省もしないため、同じパターンの別れを繰り返してしまうのです。

＊**帰属**　人の行動や出来事の原因を推測する心理的過程を「帰属」と呼ぶ。アメリカの心理学者、ハイダーは「内的要因」と「外的要因」のふたつの原因帰属モデルを提唱した。

## 人のせいにするのは自尊心を守るため

外的帰属のタイプでなくても、先入観や偏見からケンカ別れを引き起こしてしまうこともあります。人は自分自身の周囲で起こっていることについて、**よいことは内的要因であり、悪いことは外的要因が原因であると考える傾向**があります。これは、**「セルフ・サービングバイアス」**と呼ばれ、**自尊心を守るために無意識的に行っている**ものです。自分にとってイヤなことが起こると、つい自分が原因ではなく相手や状況に原因があると考えがちなのです。

### 内的帰属と外的帰属

失敗を繰り返してしまう原因は、帰属が関係しています。どのような心の動きが同じ失敗を招いてしまうのでしょう。

**別れた理由を考える**

**内的要因タイプ**

- 相手に対し寛容になれなかった
- 自分の我慢が利かなかった

↓

自分に原因がある

＝

自分を見つめ直すことで、次回は失敗をしないように対応できる。

**外的要因タイプ**

- 相手がいい人じゃなかった
- 遠距離恋愛であまり会えなかった

↓

自分以外に原因がある

＝

自分の悪い点を顧みないため、何度も同じ失敗を繰り返してしまう。

# 8 いつも彼氏を欠かさない

## 「恋愛依存症」の可能性か、精神的に未熟な子どもっぽい恋愛か

### 自分を必要としてくれる恋人への依存

空白期間なしに常に恋人を作り、それを繰り返してしまう女性は、軽度の精神疾患である**「恋愛依存症」**の可能性も考えられます。

幼い頃に十分な愛情を感じていないと、自分の価値を認めることができず、自分は「ダメな人間」「人に愛される存在じゃない」という**自己否定の感情が強く**なります。そうした人は、「もっと愛されたい」「人に必要とされたい」という飢餓感が強く、自分を「愛してくれる」「認めてくれる」恋人を常に必要とするのです。

恋愛依存症では、常に誰かに求められていないと不安になるため、**恋愛で気持ちを満たそうとして切れ目なしに恋人を作るという行動**をとります。また、異常なまでに恋人との同調や同化を求めるため、四六時中一緒にいたがったり、相手の行動を常に把握しないと気がすまず、相手に敬遠されてしまう場合もあります。

### 人のものがほしい！

また、次々と新しい恋人を作り、常に恋人を切らさない、**恋愛をゲーム感覚で楽しむ女性のなかには、大人に見えて実は精神的に未成熟な女性**もいます。「恋愛」というものには強い興味があるものの、**どんな男性が自分の好みなのか、どんな男性が自分に合っているのか判断できず、どの男性に対してもそれなりの関心をもっている**のです。

こうした女性は、ほかの女性が好きになった

＊**隣の芝生は青い**　「他人のものは何でもよく見えるものだ」という心理を表した欧米由来のことわざ。人は劣等感などから自分の悪いところと人のよいところを比べてしまう。

男性に興味を惹かれることも多く、トラブルの元になりがちです。男性に対する自分の評価基準が定まっていないため、同性の評価が気になり、友だちが「かっこいいね」「好き」と言っている男性に好意をもちやすくなるのです。また、「隣*の芝生は青い」というように、ほかの

女性とつき合っている男性に強い興味をもちます。これは、その男性自身に対する興味ではなく、**自分では手に入れられないものへの興味**です。あるいは、その男性とつき合っている女性に対する**ライバル心から、男性を奪うことで優越感を得ようとしている**ケースもあります。

## 恋愛依存症の特徴

いつでもパートナーがいないと安心できない人は、恋愛依存症の可能性があります。自分に自信がなく自立できないのが特徴です。

**1**

自分が愛されているという実証をほしがる。

**2**

さみしさをまぎらわすために好きでもない相手と関係してしまう。

**3**

どんな場合でも友人より恋人を優先する。

**4**

いつ捨てられるかいつも恐れている。

**5**

恋人のためならすべてを我慢してしまう。

**6**

恋愛は長続きしないが、恋人を切らしたことがない。

## 9 年上の男が好きな女の心理

### 幼少時の経験が尾を引き、パートナーに「父性」を求める

### 父親への強い愛着や欠落感が原因に

芸能界では、若い女性と20歳以上年上の男性との年の差婚はめずらしくありません。また、一般的にも、10歳以上年上の男性を理想のパートナーとしてあげる女性も少なくありません。こうした女性の心理を言い表す言葉として、**ファーザー・コンプレックス（ファザコン）**（▶P190）という概念があります。これは、女性が**父親に対して強い愛着や依存心をもち、その父親像を理想化して、パートナーに「父性」を求めようとする心理状態**です。また、幼い頃に父親が不在がちだったり、愛情を注いでもらえなかったり、厳格で近寄れなかったりしたことで、その満たされない思いをパートナーに求め、年上の男性に埋めてもらおうとする場合もあります。

父親は、この世に生まれてきてはじめて接する男性であり、その愛は娘にとっては必須のものです。それが欠けていると強い精神的飢餓を感じ、人生を左右するコンプレックスにまで発展することがあるのです。年の離れた年上の男性と不倫を繰り返す女性も、ファザコンに原因があるケースが多いと考えられます。

### 「ギャップ」も魅力のひとつ

コンプレックスにまで至らなくても、年齢差のある年上の男性に惹かれる女性はいます。「尊敬できる」「包容力」「経済力」「社会的地位」などがその魅力として考えられ、これらは確かに同じ年代の男性より年上の男性のほうが優れ

＊**ギャップ**　あるふたつの物の間に、差異や格差などの隔たりがあること。世代の違いを「ジェネレーションギャップ」、文化の違いを「カルチャーギャップ」などという。

ている部分です。また、そうした**長所以外に、「ギャップ」[*]を感じられるところも魅力**のようです。人前では頼りがいのある大人として女性をリードしているのに、ふたりきりになると甘えてきたり、弱い面を見せたり、女性の母性本能をくすぐることもあるからです。こうした印象のギャップから、「かわいい、愛しい」という気持ちがより強く感じられます。これを心理学では**「ゲイン・ロス効果」**（▶P29）と呼びます。いわゆる「ツンデレ」と呼ばれるもので、ギャップからくる意外性が心を大きく揺さぶるのかもしれません。

## 父性愛が足りない環境と影響

子どものとき、父親からの愛情を感じられなかった女性は、大人になっても父性愛を求め続けます。それが異性関係に影響を及ぼすのです。

**父親の愛情が足りない**

忙しくて
家にいない
両親の
仲が悪い
子どもに
無関心

一番最初に異性として接する父親からの愛情が感じられないままに成長する。

↓

**女性への影響**

人に愛される
自信がもてない
親ぐらい年上の
男性にしか惹かれない
不倫

父親の姿を大人になってからも追い求める。また、恋愛に自信がもてなくなってしまう。

# 10 年下の男が好きな女の心理

## 自立した女たちが年下の男とつき合うメリットに気づき始めた

### 〝頼れる〟女たちが増えてきた

　これまでのカップルや夫婦では、男性のほうが年上というケースが圧倒的に多かったのですが、近年は女性のほうが年上というケースが増えています。厚生労働省の調査でも、１９７０年には、女性が年上の夫婦は10%弱にしか過ぎず、80%近くは男性のほうが年上でした。しかし、２０１０年には、女性が年上の夫婦が24%近くにまで増えてきています。今では、10歳以上年下の男性とつき合う女性も少なくありませんし、そうした関係を望んでいる30代、40代の独身女性も増えてきているのです。

　こうした状況の背景には、社会の大きな変化があります。**「男女同権＊」**の思想が普及して女性の社会進出が進み、男性以上に仕事で成果を上げている女性が増えてきました。そうした、〝頼れる〟女性たちが主導権を握り、年下男性をリードするというカップルが増えてきたのです。

### 実は年下男のほうが甘えやすい

　しっかり自立した、〝頼れる〟女性たちが年下男性を選ぶ心理にはいくつかの要因が考えられます。ひとつには、意外なことに**年下男性のほうが甘えやすい**という面があります。自立した強い女性も、女性ホルモンの影響もあって本来は受け身気質です。パートナーに甘えたいという気持ちは強いのですが、相手が年上のしっかりした男性の場合は、パートナーの女性にもしっかりしていることを求めるケースが多いか

＊**男女同権**　男女両性の権利が同等で、差別されないという理念。日本では、1999年施行の「男女共同参画社会基本法」などによって、女性の社会進出がより活性化された。

らです。そのため、女性にとっては**スキの少ない年上男性より、ダメ出しされにくい気楽な年下男性のほうが甘えやすい**というわけです。さらに、年下男性側からしても、しっかりした大人の年上女性から甘えられると、自尊心がくすぐられますし、普段の姿との**「ギャップ効果」**もあって、女性をかわいらしく、愛おしく思う気持ちが強くなるのです。

　年下男性の魅力としてはほかにも、若さとパワーをもっていること、頑固なプライドがなくフラットにつき合えること、女性の好みに合わせる努力してくれることなどがあげられます。

## 年下男のいいところ

昨今は、女性が年上というカップルはめずらしくなくなりました。頼りないように思える年下のパートナーのメリットとは何でしょう。

### 若さとパワー

はつらつとしたパワーは輝いて見えるもの。また、若さゆえの未熟な部分は逆に微笑ましく、母性本能がくすぐられる。

### プライドが高くない

男性はプライドが高い傾向にあるが、男性が年下であれば、地位や経験値もまだ浅く、頑固なプライドはない。

### 努力してくれる

女性からの提案や注意も、年下であれば、素直に受け入れる柔軟性があり、努力して変われる可能性がある。

### 過去への嫉妬対象が少ない

最初の彼女
2番目の彼女
今は私

人にもよるが、恋愛の経験値も、年上より年下のほうが少ないため、過去の相手に対する嫉妬対象が少なくてすむ。

# 11 ちょっとしたことで嫌いになってしまう

## 女にとっては、些細な感情や感覚が大事な判断材料

### 女は白黒はっきりさせたがる?

最初は「いいな」と思っていたのに、つき合い始めてみると相手のちょっとしたことが気になって、そこから急に相手に不信感をもつ女性がいます。たとえば、自分は週末にデートするつもりでいたのに、男性が友だちと先に約束があったからそちらを優先させたいと言うと、それだけで、「私より友だちのほうが大事なのね。そういう人なんだ」と決めつけてしまうのです。こうした極端な判断をしてしまうのは女性に多いのですが、これは心理学では**「認知の歪み」***と呼ばれています。そのなかでも、柔軟な考え方ができず、極端な結論を出そうとすることを**「白黒思考」**といい、これは女性に多く見られる傾向なのです。

この白黒思考が女性に多いのは、女性は感受性が強く、男性に比べて感情で物事を判断しがちなことから起こると考えられます。男性の脳が右脳と左脳を区分して感情とは別に論理的な思考ができるのとは逆に、女性の脳では**感情領域が左脳と右脳の両方に広く分布しており、思考とともに感情も動きやすいため**（▶P71）です。

### 判断の基準は自分の感覚

また、とくに女性は「生理的に嫌い」という理由で男性を嫌うことがあります。それまでは普通につき合っていても、相手のイヤな面に触れて「生理的にダメ」と感じると、相手に近づくのもイヤになるのです。

＊**認知の歪み**　物事を有か無かだけの両極端に捉えたり、ひとつの事例だけですべてがその例のようだと捉えるなど、物事の捉え方が極端に偏っていること。

これは男性ではあまり見られない傾向で、それが女性に多い理由は、「生理的」という言葉にヒントがあります。女性は思考と感情が連動しやすいため、**自分にとって快か不快かという生理的な感覚が、価値判断に直結しやすい**のです。

たとえば、とくにイヤな感情をもっていなかった男性に対しても、不潔なところを見てしまったり、汚い食べ方を見てしまうと、その相手を不快と判断します。そして一度生理的にダメと感じると、悪い人ではなくても避けるようになります。女性のそうした感覚的な判断は、男性では考えられない徹底ぶりを見せるのです。

## 嫌いになってしまう小さなきっかけ

女性は「優れた遺伝子の子どもを残したい」という本能から、「生理的に受け付けない」きっかけを発見すると嫌いになってしまうようです。

**1 容姿や性格が女っぽい**

女性のようなしぐさや、はっきりしない性格に「気持ち悪い」と思う。

**2 食べ方が汚かった**

音を立てて食べる、食べ物を散らかしながら食べるなど。

**3 話し方、笑い方がカンにさわった**

ほかの人が気にならない部分、直しようがない部分であっても嫌いになる。

**4 必要以上になれなれしい**

親しくないのに体を近づけてきたり、触れたりする人には不快感を覚える。

12

# 相手の色に染まりやすい

## 好きな男の好みに合うように自分の印象を操作する

### 気になる彼の好みの女になりたい

好きな男性の好みの女性像を聞き、それに合わせて髪を伸ばしたり、趣味を変えたという経験をもつ女性もいるのではないでしょうか。

このように、好きな人の好みに合うように自分の印象を変えようとすることを**「印象操作」***といい、そのような行動をとる女性が多いことは心理学の実験でも明らかになっています。

プリンストン大学の実験では、被験者になる女子学生たちにまず「キャリア志向」か「家庭志向」かをたずねました。その後、魅力的な男性のプロフィールが渡され、そこには彼の身長や趣味などのほかに、「恋人募集中で家庭志向の女性が好み」と記されています。そして、女子学生たちに、「男性にもあなたたちのプロフィールを渡すので記入してください」とアンケート用紙を渡しますが、そのなかには女子学生にはそれと知られずに、「キャリア志向」か「家庭志向」かを判別するための質問項目も含まれていました。そのアンケートを分析したところ、最初に「キャリア志向」と答えていた女子学生の多くが「家庭志向」に変わったという結果が出たのです。**ステキな男性に好意をもってもらいたいために、無意識のうちに彼の嗜好に合わせよう**と「印象操作」を行っていたのです。

### しぐさをまねると好感を得られる

「好きな相手に影響される」という意味では、好感を抱く相手のしぐさや動作を無意識にまね

***印象操作**　他人に与える自分のイメージを意識し、相手の好みに合わせた振る舞いなどによって印象をコントロールしようとすること。意識的にも無意識にも行われている。

してしまう**「ミラーリング効果***」の存在も知られています。無意識、意識的にかかわらず、相手をまねるという行為は、相手に対する尊敬や好意の気持ちを表したもので、相手に、仲間や味方と認識されやすくなります。この心理作用はビジネスでも活用されています。成績のよいセールスマンの多くは、無意識、意識的にかかわらずこのミラーリングを活用し、相手のしぐさや動きをまねすることで相手に好印象を与えているといわれています。ただし、あまりにも露骨にまねると、相手に不審がられたり反感をもたれることもあるので注意が必要です。

## 印象操作の例

印象操作は、人間関係の距離を縮める効果があります。そのため、さまざまな場面で駆け引きとして用いられることがあります。

**好きな人の好みに合わせる**

自分の考え方や、今まで興味のなかったことも、好きな人と同じ好みに変えていく。

**好きな人の前だと食が細くなる**

「女性なのに大食い」。このような印象は避けたいため、自然と食が細くなる。緊張からの場合も。

**つき合った人の数をつい少なめに言ってしまう**

社会的通念として、「恋愛経験豊富な女」といった印象は避けたいため。男性は逆に多めに言う。

***ミラーリング効果**　好感を抱く相手のしぐさや動作を無意識にまねてしまうこと。また逆に、自分と同じようなしぐさや動作を行う相手に好感をもつこと。同調効果ともいう。

## 13
# いつも「白馬の王子様」を待っている
### 捨てきれない依存心が結婚を遠ざける要因にも

## いつか、幸せにしてくれる人が現れる

「ステキな男性が現れて主人公を幸せにする」というドラマやマンガを好む女性は少なくありません。そして実人生でも、恋愛や結婚する相手の男性に高い理想を求め、しかも自分からではなく相手からアプローチされるのを待ち続ける女性が存在します。こうした女性の心理状態は、童話の「シンデレラ」にちなんで**「シンデレラ・コンプレックス」***と呼ばれます。

これは、**潜在意識の中にある「誰かに保護してほしい、依存したい」という願望によって生じます**が、とくに**過保護に育てられた女性**に多く見られます。幼少時から、親にとっての「かわいい子」として庇護され、欲求が満たされてきたため、自立心が十分に育っていないのです。そして結婚適齢期になると、世間体もあるため親から自立したいものの、依存相手はほしいため**親に代わる「王子様」を求める**ようになります。

現代では、社会的に高い地位に就く女性も増えてきたとはいえ、いまだに男性が稼いで女性が家を守るという家族形態が理想像として多くの人のなかに残っています。そのため、十分に有能で自立可能な女性でさえも、男性と同じように自立することに大きなためらいを感じ、「白馬の王子様」を待っている人がいるのです。

## 待っているだけでは悪循環に

シンデレラ・コンプレックスの女性は、高い理想をもっているため、結婚を遠ざけてしまう

*シンデレラ・コンプレックス　シンデレラのように、ステキな男性が現れて自分を幸せにしてくれるという「依存的願望」をもつ心理状態。アメリカの作家、ダウニングが提唱。

傾向があります。**自分を大事に思う分だけ、それにつり合うだけの十分にステキな男性でなければ心をゆだねることができない**のです。さらに悪いことに、理想は高いのに、ステキな相手を探したり、その人に認められるような努力を自分からしたりはしません。「恋をしたい、結婚をしたい」とどんなに強く望んでいても、あくまでも「依存」が目的なので、受け身のまま待ち続けるのです。そうした状況が続くと「王子様」を求める気持ちはさらに強くなり、理想もさらに高くなり、ますます現実的な恋愛から遠ざかるという悪循環に陥ってしまうのです。

## シンデレラ・コンプレックスが引き起こす悲劇

いい出会いがないと嘆いている女性、どうしても結婚に踏み切れない女性……。そこには、ある心理が働いています。

**子どもの頃から過保護に育てられた**

常に親が守ってくれ「かわいい、かわいい」と育てられてきた。

↓

**いつも誰かに依存したがるように**

大人になっても自立できず、常に誰かに守ってほしい依存体質になる。

↓

**いつか誰かが今の自分を救ってくれて幸せにしてくれるだろう……**

↓

- 自分自身を高めることができない
- 理想ばかりが高じて妥協できない
- 婚期を逃してしまう

14

# ダメな男に惹かれてしまう

## ダメ男と離れられない女の心理にはそれなりの理由がある

### 頼られることで自分の存在価値を確認

「頭もいいし性格もいいのに、なぜかダメ男とばかりつき合っている」。ときどき、そんな女性がいます。働かず、ヒモのように女性に頼ったり、自分勝手で批判されるとキレたりするような、誰から見ても「ダメ」と言われるような男となぜつき合ってしまい、関係を続けてしまうのでしょうか。

心理学的に見ると、**自立的な人は、依存的な人と一緒にいることで自分の存在価値を実感でき、居心地がよいと感じます。**つまり、ダメ男とつき合う女性にとっては、ダメな彼を助けてあげること自体が喜びなのです。こうした女性は、子ども時代に弟や妹の面倒を見ていたり、学級委員長だったりして、誰かの世話をすることが自分の**「アイデンティティ」***になっており、それを褒められることで自分の存在価値を確認してきた経験をもつ傾向にあります。ダメ男に頼られて必要とされることがうれしく、生きがいと感じるのです。**自立的な人と依存的な人は、お互いに求め合っている**ともいえます。

### 自分は間違っていないと思いたい

また、ダメ男とのつき合いが続いてしまうときの女性の心理的な原因は、**「認知的不協和」**にあるとも考えられます。これは、アメリカの心理学者、フェスティンガーによって提唱された概念です。自己や、自己をとりまく環境に関する認識や意見などを「認知」と呼びますが、

＊**アイデンティティ**　「自我同一性」、「自己同一性」ともいわれる。「自分は何者か？」という自分の存在意義の確認にかかわる自問に対して、個人の心の中に保持される概念。

複数の認知要素間に矛盾がある場合、人はそれを不快に感じます。人はこの「認知的不協和」を解消するために、自分の態度や行動を変更すると考えられています。

具体的には、その男性を気に入ってつき合っているという状況と、その男性がダメ男であるという批判の間に不協和があります。そこで自分が選択してその男性とつき合うことは間違っていないと正当化したいために、「彼はがんばっているのに報われないだけ」「根はいい人なんだけどトラウマがあるから……」などの言い訳を自分自身にしてしまうのです。

## 認知的不協和の解消

人は間違いを頭で理解しても、感情的には認めたくないことがあります。その認知的不協和をこじつけを用いて解消しようとします。

**認知的不協和が起こる**

認知 A
**お互い愛し合ってつき合っている**

矛盾

認知 B
**浮気を繰り返すパートナー**

↓

**正当化の理由を探す**

認知 C
**結局は自分のところに戻ってくる**

認知 D
**相手のいない寂しい人よりはいい**

ⒷにⒸとⒹの情報を加えることで、ⒶとⒷの矛盾が弱まり、自分の行動はそんなに矛盾していない、と考える。

↓

**認知的不協和の解消**

15

# 不倫がやめられない

## 女は不倫というリスキーな状況に燃え上がり、陶酔しやすい

### 許されないからこそ燃え上がる

ある女性誌のアンケートによると、平均年齢30歳の独身女性の約3割が不倫を経験しているそうです。「許されない関係」であるはずの不倫は、独身女性にとって想像以上に身近なもののようです。

心理学では、人は強く禁止されればされるほど、禁止された物事への魅力度が上昇するということがわかっています。これを**「カリギュラ効果」**（▶P25）といいます。「不倫」は道徳的にはよくないことであり、慰謝料の請求など社会的な制裁を受けるリスクもあります。そうした**危険な許されない関係だからこそ、かえって燃え上がり、のめり込んでしまう**のです。

また、不倫という状況に対し、「障害があるなかでも求め合っているからこそ本当の愛」と思い込み、陶酔することを**「ロミオとジュリエット効果」***といいます。**許されない関係、困難な状況だからこそ、切なさと興奮の間で感情が大きく揺れ動き、恋愛のダイナミズムを感じやすい**のです。こうした感情の大きな振幅を体験してしまうと、穏やかな恋愛をもの足りないと感じてしまい、また新しい興奮を求めて何度も不倫に走ってしまう女性も少なくありません。

### 不倫を繰り返してしまいがちなわけ

不倫の多くは実りをもたらすことなく、別離で終結します。しかし、そうした結果になるにもかかわらず不倫を経験した女性は、不倫を繰

***ロミオとジュリエット効果**　妨害されるとより愛が深まるという心理。「敵対する家族」という障害のなかで、男女が愛を深めていくシェイクスピアの戯曲にちなんで命名。

り返してしまいがちです。なぜ、そうした実りの薄い不倫を繰り返してしまうのでしょうか。

人は**過去に経験した人間関係、感情交流のパターンを無意識のうちに繰り返してしまう**ことがあります。これを**「反復強迫」**といいます。毎日の決まった習慣を繰り返すことができるのも反復強迫のおかげですが、不倫を繰り返すのもこの反復強迫のひとつとも考えられます。こうした反復強迫が強くなりすぎると、「強迫性障害」と呼ばれる精神疾患を引き起こす可能性もあります。**意識ではダメだとわかっていても、無意識のうちに不倫を繰り返してしまう**のです。

## 同じパターンの恋愛を繰り返す心理

人は、無意識に同じことを繰り返してしまう衝動があります。悪いことの繰り返しになっている場合は、しっかり見直さなければいけません。

いつも
相手は妻子もち
いつも
相手はダメ男
いつも
相手とケンカばかり
同じことを繰り返してしまう女性


**反復強迫**

「いつも恋愛関係が同じ結果になってしまう」など、過去の記憶や経験により同じことを繰り返してしまうこと。オーストリアの心理学者、フロイトが提唱。

16

# 女がセックスに求めるものは？

## とりあえずしたがる男と愛がないとしたくない女

### 女はセックスに愛を求める

セックスに対する心理は、それぞれの進化の違いからも、男女の性差がはっきりと表れます。**進化心理学***的に見ると、男性は多くの子孫を残すためにより多くの女性とセックスしたがり、いつでもどこでも欲情できるようになっています。一方、女性は、**優秀な遺伝子を残したい、安全に子どもを産んで育てたいという心理**から、セックスには慎重になります。セックスの相手の男性が優秀な遺伝子をもっているかどうか、セックスのあとにも愛情をもって自分と子どもを保護し、養育してくれるのかを見極めるためです。

そのため、男性は衝動に任せてセックスできますが、女性は愛情という保証を得られて、はじめて安心してセックスができるのです。

### 女がセックスに触れ合いを求めるわけ

セックスに求めるものも、男女でかなり違います。男性は、挿入して射精したいという衝動的な欲求が高まるのに対し、女性はまず、触れ合ってイチャイチャしたいという欲求が高まります。この違いも、ホルモンの働きによるものと考えられます。セックスの衝動を引き起こすのは、男性ホルモンのテストステロンですが、これは男性のほうが10〜20倍も多く放出されます。このため、男性の性衝動は強いのです。

一方、女性に多いのは「**オキシトシン**」というホルモンです。性的に高まったときには男女

＊**進化心理学**　人の心理メカニズムも進化の過程で形成されてきた生物学的適応であると仮定し、人の心理を研究する学問分野。

ともに放出されますが、女性のほうが30％も多いうえ、男性は勃起すると急激に減少します。**「愛情ホルモン」**とも呼ばれるように、赤ちゃんに母乳を与えるときに多く分泌し、恋をしたり、子どもや家族に愛情を注いでいるときにも分泌され、心が温かくなる気持ちのよさをもたらします。また、女性の皮膚は男性の何倍も敏感とされており、オキシトシンが分泌されているときに触れられたり、抱きしめられる心地よさは至極のものなのです。女性は、セックスに安心感をもたらす触れ合いを求め、それはホルモンの働きからきていると考えられます。

### 女と男の違い

## セックスとは

男女のセックス観にはさまざまな違いがあります。そのすれ違いにより誤解を招いたり、仲がこじれたりしてしまうのです。

| 女性 | 男性 |
| --- | --- |
| **セックスをする理由** | |
| 愛を確かめる | 精液を放出 |
| **本能** | |
| 優秀な遺伝子を残したい | 自分の遺伝子をばらまきたい |

| 女性 | 男性 |
| --- | --- |
| **性欲** | |
| 愛情を感じると起こる | いつでも |

| 女性 | 男性 |
| --- | --- |
| **関係するホルモン** | |
| **オキシトシン**<br>性的興奮とともに心に安らぎをもたらすホルモン。 | **テストステロン**<br>セックスの欲望に影響するホルモン。男性のほうが多く分泌される。 |

# 17 女の性欲は男より強い!?

## ホルモン量の変化で男より性欲が強いときもある

### 30代後半から男の性欲を超えることも

女性の性欲は男性に比べてとても弱いと考えられていますが、近年では**40歳前後になると女性のほうが強くなる**ともいわれています。

人の性欲は脳の視床下部という部位が司っています。視床下部は、代表的な男性ホルモンであるテストステロンなどの各種ホルモンの刺激を受けて、セックスをしたいという情動を生みます。男性は女性に比べて視床下部が大きく、テストステロンの分泌量も女性の10〜20倍と多いため、性衝動も男性のほうが強烈なのです。

しかし、性ホルモンの分泌量は年齢によって変化します。男性のテストステロンは思春期以降に急激に増え、30歳頃から減少していきます。それに比例するように男性の性欲は10代後半がピークで、その後はゆるやかに下降していきます。これに対して、女性のテストステロンは男性に比べて少ないため、年齢を重ねてもあまり分泌量が変わりません。また、**女性ホルモンは30代後半から減少するため、相対的にテストステロンの働きが優位になり、性欲が高まる**と考えられています。こうして、**女性の性欲は30代後半にピークを迎える**のです。30代後半から40代前半の時期には同年代の男性の性欲の強さを超えることも。そのため、その時期だけ見ると女性の性欲が強くなったと感じられるのです。

### 排卵期にはセックスしたくなる

また、女性は、**生理周期によっても性欲の強**

＊**排卵期**　卵巣から卵管に卵子が放出される「排卵」が起きる期間。月経周期が平均的な28日周期の人では、月経開始から数えると14日目前後にあたる。

女と男の違い

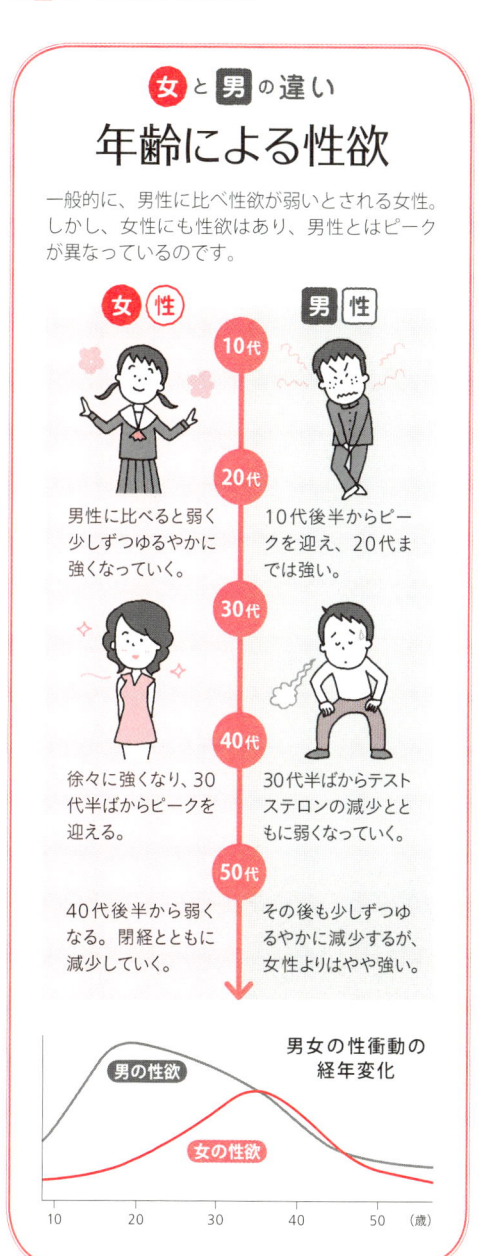

## 年齢による性欲

一般的に、男性に比べ性欲が弱いとされる女性。しかし、女性にも性欲はあり、男性とはピークが異なっているのです。

女性
男性
10代
20代
30代
40代
50代
男性に比べると弱く少しずつゆるやかに強くなっていく。
10代後半からピークを迎え、20代までは強い。
徐々に強くなり、30代半ばからピークを迎える。
30代半ばからテストステロンの減少とともに弱くなっていく。
40代後半から弱くなる。閉経とともに減少していく。
その後も少しずつゆるやかに減少するが、女性よりはやや強い。

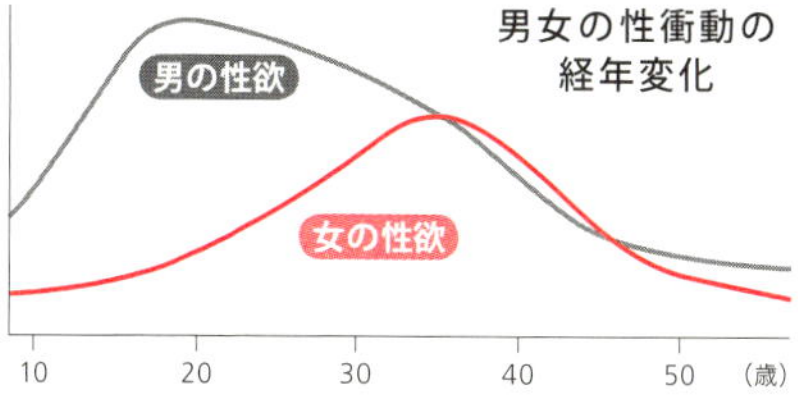
男女の性衝動の経年変化
男の性欲
女の性欲
10
20
30
40
50
（歳）

**まる時期**があります。生理周期は、卵巣などから分泌されるエストロゲンとプロゲステロンというふたつの女性ホルモンによって作り出されます。エストロゲンは生理の終わる頃から分泌量が増え始め、排卵期*にピークを迎えます。この**エストロゲンには性欲を増進させる働き**があります。そのため、排卵期には性欲が強くなり、受胎し、妊娠しやすい状態を作っているのです。

　このように、女性の性欲は、常に弱いものではなく、年齢、時期によって強くなることもあるといえるのです。

18

# やっぱりイケメンが好き!?

## イケメン好きは美意識からではなく、優秀な遺伝子を求めているから

### イケメンは健康の証?

女性が男性を選ぶときの基準としては、やさしさ、包容力などの人柄や経済力などがあげられますが、「顔のよさ」をあげる女性は少ないようです。しかし、本音では多くの女性が無意識のうちにイケメンに惹きつけられています。

「イケメン」の基準は人によっても違いますが、実は、顔が左右対称（*シンメトリー）であることが大きな条件になっています。人の体は、ほぼ左右対称に作られていますが、さまざまな部分にズレや、パーツの大きさに違いがあります。しかし**「イケメン」とされる人の顔立ちは限りなくシンメトリーに近い**といわれています。

そして人は無意識のうちに、よりシンメトリーな異性に魅力を感じることがわかっています。

顔や体のシンメトリーは遺伝もありますが、環境にも左右されます。**ストレスや病気、老化現象などによりシンメトリーは崩れていく**とされるため、シンメトリーになることは難しいといわれています。人の顔や体の歪みは、ケガや病気のほか、生活習慣やストレスによっても生じます。つまり、シンメトリーな人は、環境からのさまざまなストレスを受けていないか、またはそのストレスに対抗するだけの強い免疫力があると類推できるのです。**「シンメトリー」=「健全」**といえるのです。このことから、女性がイケメンに魅力を感じるのは**本能的なものであり、より生存能力の高い遺伝子を得たい**という進化心理学的な無意識の欲求からだと考えられます。

***シンメトリー**　対称性のこと。美術などにおいては、おもに左右対称の様式美を指す。美しいとされる平均的な顔は、左右の対称性が高い。

## 意外性の効果でイケメンは有利

また、イケメンには何か欠点があっても許されてしまう傾向があります。「かっこいいのに実は天然」とか、「かっこいいのに実は甘えん坊」など。ただの天然や甘えん坊では魅力にならなくても、イケメンならOKです。これが許されるのは、**「ギャップ効果」**のためです。同一人物のふたつの要素の間にギャップがあると、多面性をもつことで奥深い人物だと感じられたり、自分だけが知っている面があることで親近感が増す効果があるのです。

---

### シンメトリーチェックポイント

優秀な遺伝子をもつといわれるシンメトリーな男性。ただ、生まれつきのほか、生活習慣でも非対称を導いてしまいます。

**顔**

- **目の大きさ、高さ**
- **あごの歪み**
- **まゆげの形、高さ　など**

片方だけ頬杖をつく、どちらかの奥歯でよく物を噛むなど日常のくせから歪むこともある。

**肩**

- **肩の高さ**
- **手の長さ**
- **猫背や反り腰　など**

いつも同じ肩にショルダーバッグをかけている、肩が凝っているなどから肩の高さや手の長さが変わってくる。

**足**

- **足の長さ**
- **靴底の減り方　など**

よく足を組む、横座りをする、歩き方のくせなどから体が歪み、左右対称が崩れていく。

COLUMN 2

# 女が弱い男のタイプ

やさしい、男らしい、面白い。女心をつかむのはどのようなタイプなのでしょう。女性心理は複雑ですから、さまざまなパターンが存在します。

1 TYPE

## ギャップに弱い

### 「意外性」が心を揺さぶる

「見た目はチャラチャラしてて遊んでいるように見えたけど、重要な仕事を任される人だった」「無愛想な人だと思ってたけど、話してみると動物が大好きというやさしい一面を見た」。

このような「意外にいい人だった」という印象を生み出す「ギャップ」は、女性の心の中で**高揚感を生み興奮させる効果**があります。とくに、マイナスだった感情がプラスに転じたときには、もともと好意をもっていたときより好意が大きく増幅します。また、その一面を自分しか見ていないという**希少性**が加わるとさらに好意は膨らみます。

**ギャップの好意的効果**

見た目や話し方など、軽薄そうで信用がおけないタイプ。

仕事ぶりを見ると、しっかりした責任感が強いタイプだった。

TYPE 2

# マメさに弱い

## 「小さいことからコツコツ」がカギ

女性が本当に喜ぶことを把握している男性はどのくらいいるのでしょうか。女性は多くを望んでいるわけではありません。どちらかといえば「そんなこと」と思うようなことを喜ぶものです。「マメ」といわれる男性はそこをつかんでいるのです。**定期的に電話やメールを入れたり、女性の意見にきちんと感想を言ったり、女性の好き嫌いを覚えていたり**。多くの男性にとって、「小さなこと」であり「めんどくさいこと」をマメな男性は、押しつけがましくなくできてしまうのです。

女性は**親和欲求**（▶P47）や**承認欲求**（▶P160）が強い傾向にあります。「私のことを忘れていないんだ」「私はないがしろにされていないんだ」という安心感を求めています。些細なことであっても、その安心感を与えてあげれば、女性は「この人と一緒にいたい」と好意をもつのです。

### マメな男の行動パターン

**必ず感想を言う**

「面白いね！」「よかったね！」。女性の発言や疑問に対して自分の感想を必ず言う。

**「記念日」を忘れない**

誕生日、つき合った日、結婚記念日など、女性にとって重要な日は、メモをしてでも覚える。

**定期的に連絡**

「元気？」「忙しいの？」。これだけでもOK。こまめに連絡を入れることが大切。

3 TYPE

# **強引さ**に弱い

## 強引さにもテクニックが必要

しつこい男性は嫌われますが、アプローチが多ければ多いほど、「気になる存在」になることもあります。これを**「単純接触の原理」**（▼P167）といいます。**繰り返し接することで好感度が生まれ、印象が高まる効果**です。

また、まずは、受け入れてもらえる可能性の低いほどの大きなお願いをしたあと、徐々に小さいお願いをしていくという**「ドア・イン・ザ・フェイス」**という心理効果も有効です。人は、他人からの頼み事を断ることで罪悪感が生まれます。その後に、最初ほど抵抗感がない頼み事をされると、「それぐらいなら……」とOKしてしまうことがあるのです。

女性は少なからず**「引っ張っていってくれる男性」を求める傾向**にありますので、多少強引でも上手に誘えば、心に入り込むことが可能なのです。

**強引な誘いがいつしかYESに**

オレと
つき合ってよ
NO!
じゃあ、ふたりで
出かけようよ
NO!
せめて電話番号
だけでも教えてよ
…YES

まずは、いきなり「つき合って」と大きなお願いをする。

次にもう少し譲歩した軽いお願いをする。

2回断っているだけに、断りづらい女性は「電話番号ぐらいなら」とOKする。

# 第3章

# 見た目にこだわる<br>女の心理

## 1 いくつになってもキレイでいたい

### 思いが強くなりすぎると神経症になることも

### 男の心理が強くかかわっている

女性はいつまでも若々しくキレイでありたいと願う傾向があります。クレオパトラは金の糸を使った美容術で、楊貴妃は真珠の粉を飲んで美しさを保ったといわれます。現代も女性は**アンチエイジング***を追い求め、エステやサプリメントにお金をかけることを惜しみません。それは「キレイ」であることは「若々しく輝いていること」であるからでしょう。では、なぜ女性はそこまで若さを求めるのでしょうか。

そこには男性の心理が強く関与しています。男性は自分の子孫や遺伝子を残したいという本能が働き、多くの子どもを産める女性を求めます。**子どもを生む生殖能力を測る目安になっているのが「若さ」**なのです。

一般的に女性の生殖能力は20代をピークに低下し、閉経を迎える50代にはほぼゼロになるとされています。男性は本能的に高確率で子孫を残したいと考えるため、**若い女性をパートナーに選びがち**と考えられています。だから女性は男性に選ばれたいため、キレイでいたいのです。

### 若かった頃を美化しすぎる

とりわけ、若い頃に周囲の男性たちから注目されていた女性にとって、年をとることは精神的に大きな打撃です。**人の脳は、過去の記憶を思い出そうとすればするほど、その思い出した記憶が深く刻まれるため、美しい記憶は思い出すこと自体が快感**につながります。さらに、**美しい**

*アンチエイジング　「抗加齢療法」「抗老化療法」ともいう。年を重ねることで起こる老化の原因を抑えることで、老化を予防、改善すること。

**思い出は年をとるごとにさらに美化される傾向**があります。すると「あの頃の美しい私はよかった」と日常的に思い出し、今の「現実の私」とのギャップに悩んでしまうのです。

加えて、容姿の変化によって周囲から軽んじられると、自分を否定されたように感じてしまいます。だから「老い」という自然現象から逃れようと、必死で若さを求めます。こうした女性の心理を**「老女優症候群」**といいます。

年を重ねることはけっして「悪」ではないはずです。さまざまな経験による内面的な豊かさこそが、真に人を輝かせるのではないでしょうか。

## 老女優症候群とは

女性であれば永遠の若さと美しさを求めるものですが、誰にもやってくる「老い」を頑なに認めないと、心まで病んでしまうことになります。

**若い頃は美人だと周囲にちやほやされる**

↓

**年をとるにつれて、当然容姿が衰えてくる**

↓

**容姿重視で自分を磨いてきたため、老いを認めることができない**

↓

**老いることを恐れるあまり、うつやアルコール、薬物依存になるケースもある**

外見だけが自分の長所だと思い込み、唯一の長所を奪う「老い」に対して異常な恐怖心をもつ。

## 2

# 整形を繰り返す女

### 「自分は醜い」と強く思い込む

## 「見られたくない」と引きこもることも

人は多かれ少なかれ自分の容姿に対して**コンプレックス**を抱いています。

とくに思春期や青年期になると、外見を気にするようになり、周囲から見るとそうでもないのに「鼻が低い」「目が細い」と悩みをもつことがあります。ただし、そうした悩みも、たいていの場合は、仕事や勉強に向き合っているときには忘れてしまう程度のものです。

しかし、自分の容姿のことがかたときも忘れることができずに「自分は醜い」と思い込み、日常生活に支障をきたす**「*身《しん》体《たい》醜《しゅう》形《けい》障《しょう》害《がい》」**の人もいます。**自分の姿を繰り返し鏡に映して確認したり、あるいは、「自分は醜い」という強迫観念から、逆に鏡を見ることができなくなってしまう**のです。

「醜い」と思ってしまう部位は、顔だけではなく、髪の毛や手足など全身に及びます。自分の姿を人に見られたくないために、マスクやサングラス、手袋などで姿を隠して外出します。また、人前に出ることに恐怖を感じ、**「引きこもり」**になるケースも少なくありません。人によっては何度も整形手術をする場合もあります。一度手術を受けても、客観性を欠いた思い込みであるため、満足できずに整形手術を繰り返してしまうのです。

## 自己評価が極端に低いとなりやすい

「身体醜形障害」は、多くの場合、異性が気に

＊**身体醜形障害**　自分の体や顔の美醜に極端にこだわり、通常の日常生活が送れない状態。実際よりも低すぎる自己イメージが原因である。

なりだす15歳から20歳頃に多く発症します。**完璧主義の人、自己評価が極端に低い人、かつて容姿のことでいじめられたことがある人**などにその傾向が見られます。妄想的なこだわりが重症化すると、**統合失調症***と診断されるケースもあり、また、うつを併発することも。本人は病気だと思っていないことが多いため、容姿のコンプレックスへのこだわりがあまりに強すぎると周囲の人に指摘されたら、早めに心の専門医に相談することが必要となります。

美容整形や皮膚科で部分的に外見を変えても、けっして根本的な解決にはなりません。

## 身体醜形障害とは

自分の体が醜いと思い込み、日常生活がままならなくなってしまう身体醜形障害。体のあらゆる部分が気になってしまいます。

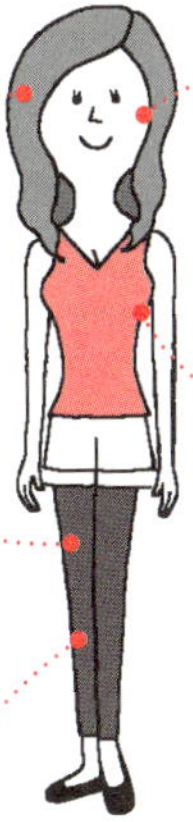

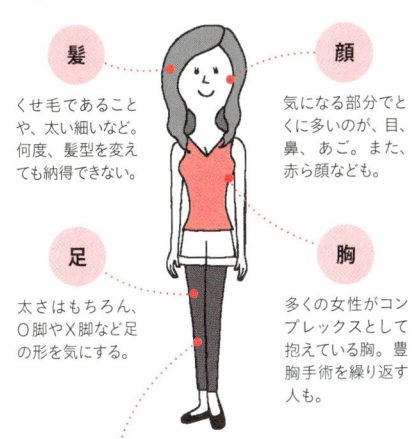

**髪**
くせ毛であることや、太い細いなど。何度、髪型を変えても納得できない。

**顔**
気になる部分でとくに多いのが、目、鼻、あご。また、赤ら顔なども。

**足**
太さはもちろん、O脚やX脚など足の形を気にする。

**胸**
多くの女性がコンプレックスとして抱えている胸。豊胸手術を繰り返す人も。

**体全体の脂肪**
下半身を中心に脂肪が気になる。高価なエステをはしごする人もいる。

### 思い込みが強すぎると

家の中でもサングラスやマスクをしている

引きこもりになる

整形をしても納得できない

自分が醜いという強迫観念にとらわれ、通常の日常生活が送れなくなるほか、うつになるケースもある。

*** 統合失調症**　幻覚、幻聴、妄想といった症状が特徴の精神疾患。そのため、通常の社会生活が送れないなどの障害をともなう。

# 3 痩せているのに、さらに痩せたがる

## 痩せることで自己イメージを高めようとしている

### 自信がないと痩せたくなる

〝痩せたい〟という思い、いわゆる**「痩せ願望」**をもつ女性はたくさんいます。なかには、他人から見ると、「ダイエットの必要はまったくない」と思えるスマートな人さえ存在します。なぜ、それほどまでに女性は痩せたがるのでしょうか。

もちろん、体型についてイヤな思いをしたという直接的な理由や、「キレイになりたい」「痩せておしゃれをしたい」という願望があるのでしょう。そのことに加えて、**自己イメージ（自分に対するイメージ）が低い人**ほど〝痩せたがる〟傾向にあるとも考えられています。

自己イメージが低くなるのは、たとえば、家庭や職場でのコミュニケーションがうまくいかなかったり、恋人と別れたり、あるいは、仕事でのストレスなどが強まったりしたときです。「自分はダメな人間だ」という**「自己否定的イメージ」***が生まれ、「痩せていれば、他人に気に入られるのに」「痩せていれば、自信をもてるのに」と考えてしまうことがあるのです。**「問題の解決策＝痩せること」と錯覚**し、ダイエットを始めてしまうのです。

### 痩せすぎると死に至ることも

ダイエットは悪いことではありません。太りすぎは生活習慣病の引き金になりますので、専門家の指導の下、適切なダイエットが必要でしょう。

＊**自己否定的イメージ**　自分自身に対して抱く、否定的なイメージ。「自分はダメだ」と自分でイメージを作り上げてしまう。自己イメージは自分で変えられる。

問題は極端なダイエットで、多くの弊害を招きます。そのひとつが**「摂食障害」**。摂食障害は、大きく**「過食症（神経性大食症）」**と**「拒食症（神経性無食症）」**に分けられます。

過食症は、大量に食べては吐いたり、下剤を乱用したりして、太るのを避けようとする精神疾患です。繰り返すうちに、心臓の働きに悪影響を及ぼすこともあります。拒食症は、自分が太っていると思い込むあまり、食べ物を拒否する精神疾患です。放置すると、餓死に至るケースもあります。何気なく始めたダイエットが最悪の事態につながることもあるのです。

## 摂食障害に注意

食べるということは、人が生きていくうえでとても大切な行為です。そのことを忘れてしまう摂食障害は、非常に恐ろしい心の病気です。

### 拒食症

太っていると思い込む
極端に食べなくなる
食べたくても受け付けなくなってしまう

### 過食症

食べたい衝動が抑えられない
短時間に大量に食べる
TOILET
食べてはおう吐や下剤で浄化させる

## 4 化粧をしないと外出できない!?

### 公的自己意識の高さから化粧に力が入る

### 人の目が気になる人ほど化粧をする

化粧は女性にとって日常の習慣のひとつといえます。なかには、いつもしっかりと化粧をし、すっぴんをけっして人には見せたくないという人もいるでしょう。化粧をする心理とはどのようなものなのでしょう。

他人にどう見られているかという意識を**「公的自己意識」**といい、公的自己意識が高い人ほど、化粧が念入りになる傾向があります。自分が他人からどう見られているかが気になり、さらにどう見せたいかを気にする人ということです。このように、人前で自分の印象をコントロールすることを**「自己呈示」**といいます。アメリカの心理学者、リアリーによると、**自己呈示に必要なのは動機付けと自信である**と説いています。化粧は、髪型や服装と並んで自己呈示の有効なツールであるといえます。見た目の印象をよくすることで、自分を高い評価に導くことが期待できるのです。このことから、化粧をしないと外出できないという女性は、公的自己意識が強いタイプと考えられます。

逆に、化粧には無頓着で、すっぴんに近い状態で人前に出ることを気にしない人は、他人からどう見られているかよりも、自分自身がどう思うかを重視する**「私的自己意識」**が強いタイプといえるでしょう。

### 化粧で内面までキレイに?

化粧は、外見だけではなく、内面にも影響を

＊**自己成就的予言**　自分の予言や期待に沿うような行動をとったために、その予言や期待通りの結果が得られるような現象。

及ぼします。化粧をすることで自分に自信が生まれ、情緒的に高揚したり、積極性が高まるのです。

他人が自己の姿について何かの反応を示すと、その反応を受けとった自己は、さらに自分の見た目を意識するようになります。他人に

---

「すごい！ 上品でステキ‼」と褒められれば、さらに上品でステキになるよう、外見や振る舞い、言葉遣いまでを変えていこうとするのです。これは**「*自《じ》己《こ》成《じょう》就《じゅ》的《てき》予《よ》言《げん》」**の過程、つまり、なりたい自分になるためのひとつのプロセスと考えられます。

## 自己意識の認識

アメリカの心理学者、フェニングスタインは、自己意識にはふたつのパターンがあると説いています。

### 公的自己意識

- 他人がどう思っているかが気になる
- 自分の外見が気になる
- 人前での言動にとても気をつかう

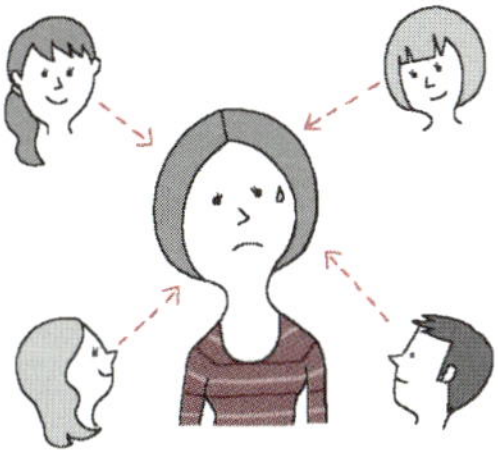

他人から見える部分に向けられる意識。他人からの視線が気になる人は、自分自身を他人の視点から見つめる傾向にある。

### 私的自己意識

- 自分自身について考えることが多い
- 反省することが多い
- 自分の気分が変わることに敏感

自分の感情など、自分しかわからない部分に向けられる意識。常に自分と向き合い、自分がどう思うかを考えている。

## 5 アイメイクに力を入れる理由

### 男は大きい目に見つめられると自分に気があると思ってしまう

### 男を惹きつける大きな目

女性誌はこぞって〝目ヂカラ〟アップの特集を組み、目を大きく見せるメイク法を教え、女性はあの手この手を使って、少しでも目を大きく見せようとします。なぜ、多くの女性は目を大きく見せようとするのでしょうか。そこには、男性の好みが関係しています。

男性は目の大きな女性に惹かれがちです。そのため、女性は異性を惹きつける大きな魅力のひとつとして目ヂカラアップに力を入れるのでしょう。

では、目の大きな女性がモテるのは何か理由があるのでしょうか。これは、**瞳孔**＊**の生理的な開閉に由来**すると考えられています。

### 関心があるときには瞳孔が開く

一般的に人の瞳孔は光の量に反応します。暗いところでは大きく開き、明るいところでは小さくなります。目に入る光の量を調整しているのです。ところが、アメリカの心理学者、ヘスが行った実験によって、関心があるものを見るときにも、瞳孔が開くことがわかりました。

男女の被験者たちに、「赤ちゃん」「赤ちゃんと母親」「男性ヌード」「女性ヌード」「風景」の5種類の写真を見せ、見せたときの瞳孔の大きさを測っていきました。その結果、男女とも瞳が大きく開いたのは、異性のヌードを見たときで、平常より20％も拡大していました。

瞳孔が開いた理由は、**興奮時に分泌されるア**

＊**瞳孔**　いわゆる黒目の中心にある部分。眼球の虹彩《こうさい》の真ん中にある円形の小孔。光線が入る場所で、光の量を調節する。

**ドレナリンが、交感神経を刺激し、瞳孔を広げた**からです。人は、**好きなもの、関心のあるものを見ると瞳孔が大きくなる**のです。

女性も関心のある男性を前にすると瞳孔が大きくなります。キラキラとした目で見ることで、相手に対して「あなたに関心があります」というサインを送ることができます。男性は、自分に興味があると感じて悪い気はしませんし、逆に自分に好意をもってくれているその女性を魅力的な存在として捉えます。このことから、目が大きい女性は開く瞳孔も大きいため、魅力的に感じるのでしょう。

## 瞳孔の開きが好意の印？

目の大きい人はなぜモテるのでしょう。アメリカの心理学者、ヘスによりその理由が解明されています。

**人は興味のあるものを見ると瞳孔が開く**

興奮すると自律神経のひとつである交感神経が活発に働く。交感神経は瞳孔を広げ、よりしっかりと対象物を見ようとする。

**目の大きい人**

黒目が目立ち瞳孔も大きく見えるため、相手に好意的な印象を与える。

**目の小さい人**

瞳孔が開いているかがわかりづらいため、相手に好意的な印象を与えづらい。

# 6 なぜバストアップしたがるのか

## 強い子孫を残したい！ 条件のよい男に選んでもらうための武器！

### 男は若々しいハリのあるバストが好み!?

多くの女性がダイエット志向で、ほっそりとした体型を目指していますが、バストだけは別扱いです。バストアップのための下着、バストアップ用クリーム、マッサージや豊胸サプリなど。ちまたにバストアップに関する情報や商品があふれているのは、女性たちの関心の高さを表す証拠でしょう。

男性も女性のバストに興味津々です。関心の高さは女性以上でしょう。男性向けグラビア雑誌の表紙を飾るアイドルの写真は、たいていバストを強調した水着姿。永遠のセックスシンボル*と謳われるマリリン・モンローも豊満なバストのもち主でした。

ただし、豊かでありさえすればいいわけではありません。男性は**弾力やハリがあって、ツンと上を向いた健康的なバストを好みます。**なぜならばそれが**若さの象徴**だからです。**若さは生殖能力の高さを示す指標**です。男性は自分の子孫や遺伝子を残したいという本能があるため、**子どもを妊娠しやすそうな女性に惹かれます。**

また、男性が巨乳を好むのは赤ちゃん時代の記憶にも影響を受けていると考えられます。自分が赤ちゃんの頃、母親のおっぱいから乳をもらい安心感を得ていたイメージが記憶に埋め込まれ、豊かなバストに魅力を感じるのです。

### いつの時代も女は美乳を求めてきた

女性自身も若く見られたいと願い、いつも

＊**セックスシンボル** 性的な魅力があり、それによって人気を得て異性のあこがれの的となった人物のこと。アメリカの女優、マリリン・モンローはその代表格。

若々しさを求めています。そして、**強い子孫を残したいという動物的本能から、よりよい条件の男性に選ばれたい**と思っています。そのために、男性が好むような上を向いたハリのあるバストにしたがるのです。女性がバストアップや美乳にこだわるのは現代に始まったことではありません。ルネッサンス期には、胸元の開いたドレスを着こなすために、上流階級の女性は胸の形が崩れるのを恐れて、自分の代わりに母乳を与えてくれる乳母を雇っていました。

　バストアップは時代を問わず、女性たちの大きな関心事のひとつなのです。

## 男が惹かれる女の体とは

大きなバストにくびれたウエスト。男性はメリハリのある女性の体に惹かれ、多くの女性はそのスタイルを目指しています。

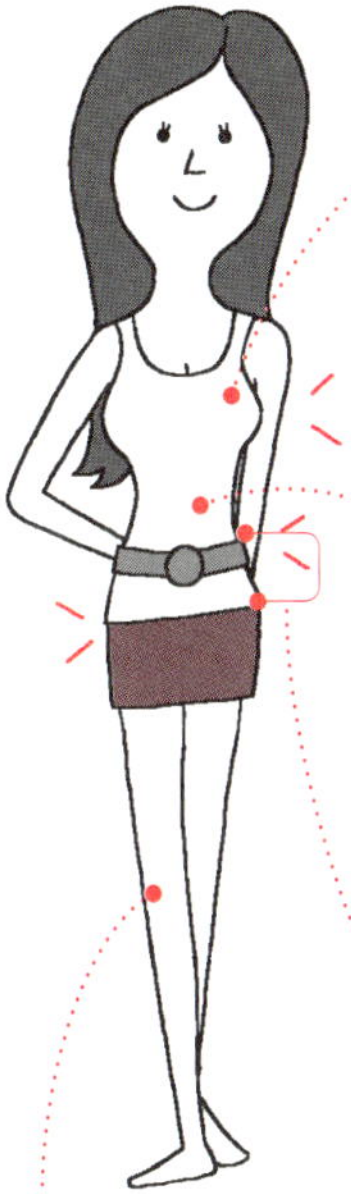

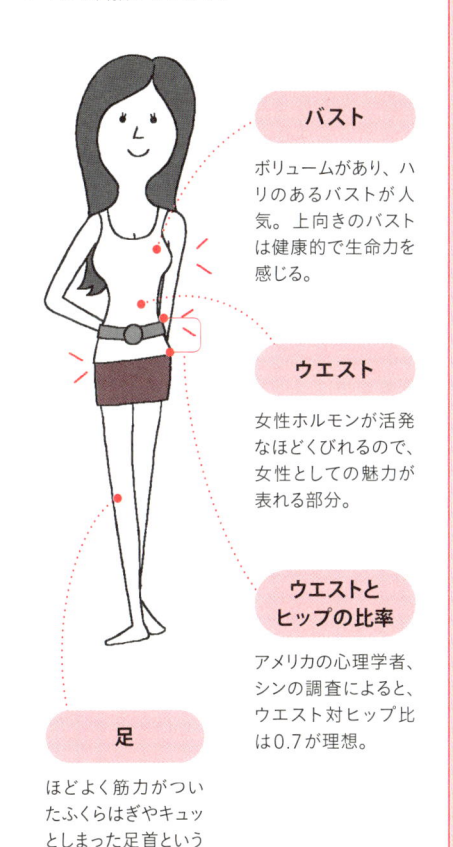

**バスト**

ボリュームがあり、ハリのあるバストが人気。上向きのバストは健康的で生命力を感じる。

**ウエスト**

女性ホルモンが活発なほどくびれるので、女性としての魅力が表れる部分。

**ウエストとヒップの比率**

アメリカの心理学者、シンの調査によると、ウエスト対ヒップ比は0.7が理想。

**足**

ほどよく筋力がついたふくらはぎやキュッとしまった足首というメリハリ美脚が人気。

## 7

# 「髪は女の命」の理由

### 髪はさまざまな心模様を表す指標

## キレイな髪なら心もキレイ!?

オードリー・ヘップバーンの代表作『ローマの休日』。オードリー扮するアン王女が、ローマの町に飛び出して最初にやったことは、長い髪を切ってショートヘアにすることでした。髪型を変えた瞬間から王女はひとりの女性になりローマで自由を満喫し始めます。このように、映画の中だけに限らず、「心境の変化」と言いながら、髪型をしばしば変える女性は少なくありません。

「髪は女の命」というくらい、女性は髪を大切にし、髪型の変化に気をつかいます。確かに、**髪型はその人の印象のよし悪しを決める大きな要素のひとつ**といえるでしょう。面接の本を開けば必ずといっていいほど、「清潔感のあるヘアスタイルを心がけましょう」と書いてあるのはこのためです。

実際キレイな髪には**「ハロー効果」**（▶P123）があります。ハロー効果とは、何かを評価するときに、よいまたは悪い特徴に影響され、ほかの部分の評価が歪められてしまうことです。たとえば、よく知らない人であっても「キレイな髪」であれば、「きっと内面もキレイな人だろう」という印象をもってしまうということです。

## 失恋で髪を切るのは自分を守るため

「失恋すると髪を切る」という通説がありますが、これは**「防衛機制」***というメカニズムからくるものと考えられます。失恋に限らず、

＊**防衛機制**　危機的な状況に遭遇したときに生まれる感情や体験を、ありのままに感じたり直面することを避け、心の安定を維持しようとする働き。

**イヤなことがあると、不安や葛藤などによって生じる心理状態から自分の心を守るために、何かしらの行動をとろう**とするのです。つまり、髪を切ることでイメージを変え、失恋した自分とは違う自分になることで、防衛していると考えられます。

また、髪型は、見せたい自分を演出する手段のひとつです。髪型を頻繁に変える人は、注目されたいという気持ちをもっている傾向にあります。そのような人は**積極的に見える反面、自分に満足しておらず、不安定**なために、次々と髪型を変えると考えられます。

## 女が髪にこだわる理由

女性は、ファッションや化粧と同様に、髪にも大きなこだわりをもっています。髪を大切にする女性の心理とはどのようなものでしょうか。

### アイデンティティそのもの

女性にとっては大切な自己定義のひとつ。自己呈示（▶▶P110）を形成する大きな要素。

### 髪がキレイ＝美人

ダメージのない、ツヤのある髪は、健康的で若々しく、清潔感のある女性に見えて印象もアップ。

### 髪型を変えることで自分をリセットできる

長い髪をばっさり切ったり、違う髪型にしたり。気分転換や新しい自分への期待感が生まれる。

### 髪型を変えて注目される

女性は関心をもたれることを喜ぶ傾向にあるため、変化により注目されることがうれしい。

8

# 香水が好きな女

## 女はにおいにより記憶を呼び覚まし、かつ異性を魅了する

### 香水はフェロモンの代替品!?

女性にとって**香水は自分を表現する手段**にもなります。男性よりにおいに敏感なので、男性以上に**においによって自分をよりよく演出しようとしている**のでしょう。

また、**においは異性を惹きつけるツール**でもあるといえるでしょう。動物は異性を惹きつける際、フェロモン*を出すことが知られています。しかし、人に関しては今のところ、フェロモンは見つかっていません。そのため、女性はフェロモンの代替として香水を使って、多くの男性を惹きつけようとしているのかもしれません。そうすれば**子孫を残せる可能性が高まる**からです。

### 女はにおいに敏感

女性が男性以上ににおいに関心を寄せる理由のひとつに、感覚の男女差があげられます。女性は男性よりも**嗅覚が敏感**だといわれています。それは、女性は月経周期などによって、嗅覚が敏感になる時期があることが要因のひとつです。ある研究によると、排卵期には、「成人男性に関係したにおい」や「不快なにおい」に対する嗅覚感受性が低下することが明らかになっています。逆に、月経期には、「不快なにおい」に敏感になる女性が多いといわれています。

においを受け取る脳の発達にも男女差があります。嗅覚を司るのは脳の「嗅覚野《きゅうかくや》」。「嗅覚野」は、大脳辺縁系《だいのうへんえんけい》と関係が強いとされていま

***フェロモン**　動物の個体から放出され、同種のほかの個体に〝特異的な反応〟を引き起こす化学物質のこと。

す。大脳辺縁系には、記憶を司る海馬《かいば》や、感情を司る扁桃体《へんとうたい》があって、嗅覚の感知に強い影響を与えています。そのため、**においと何かの記憶、あるいはそのときの感情が結びつきやすい**のです。この**大脳辺縁系は女性のほうが発達**しています。つまり、**女性はにおいを嗅いだときにそれに関連する記憶を呼び覚ましやすい**のです。

このように、においは女性にとって、快感や不快感をもたらす大きなきっかけのひとつであると考えられます。お気に入りの香水をつけることで快感が生まれ、心の安定につながっているといえるかもしれません。

## においのメカニズム

人は、嗅ぐにおいによって「快」「不快」を感じます。においのメカニズムは、どのようになっているのでしょうか。

脳の仕組み
嗅覚野
におい分子が送られてくる部分。嗅覚野に送られることでにおいとして認識する。
大脳辺縁系
海馬・扁桃体
好き嫌いや不安や恐怖などの情動を支配する扁桃体や、記憶形成にかかわる海馬などで構成される。

嗅覚を司る嗅覚野は、大脳辺縁系と強い関連性をもつ。大脳辺縁系は男性より女性のほうが発達しているといわれているため、女性はにおいに敏感と考えられる。また、女性は、においと感情や記憶を結び付けることが得意。

# 9 いつもダイエットに失敗してしまう

## 「食べない」「ワンパターン」「失敗癖」が成功しない理由

### 目標を達成できないとストレスが生まれる

新しいダイエット情報が出るとついつい試したくなるもの。次々と新しいダイエットに飛びつくのは、女性に多く見られる傾向です。でも、いつもどれもなかなか長続きせず、成功もしない、逆にリバウンドしてしまったということも……。なぜ失敗してしまうのでしょう。

　目標を立てて達成のために努力をすることを**「自己実現」**といいます。ダイエットでも、目標を立てて、何かを我慢し自己実現のために努力をします。ところが、目標が達成できないほど大きすぎると、我慢がストレスになってしまい、努力が続けられなくなります。

　では、どういった目標がストレスを生むのかというと、たとえば、食事制限や食事を単品だけにするダイエットです。食事をすると、脳からドーパミンが分泌されます。これは、ストレスを緩和する働きをするホルモンです。**バランスの悪い食事の場合、ドーパミンが分泌しにくくなり、ストレスがたまってしまう**のです。

### ワンパターンなダイエットは飽きる

　人には与えられた環境に自分を適応させる**「順応」**という機能が備わっています。ところが完全に順応してしまうと、環境からの刺激が低下し、飽きてしまうことがあります。これを**「心的飽和」**といいます。同じ運動の繰り返しなどのワンパターンなダイエットを続けていると、**心的飽和が影響し、それまでの「痩せたい」**

＊**学習性無力感**　「努力しても無駄だ」という経験が生み出す無気力状態のこと。アメリカの心理学者、セリグマンが説いた。

**という気持ちが薄れて、ただの意味のない行為と脳が受け止めてしまいます。**

また、ダイエットを繰り返しても効果が出ないと、ダイエットのための努力が無駄に感じられ、本気で痩せる努力をしなくなります。こうした状態を**「学習性無力感*」**といいます。「どうせ痩せない」と、失敗した経験の印象が強く、自発的な行動が起こりにくくなるのです。

とくに女性は、新しいものに惹かれる傾向にあり（▶P48）、次々と新しいダイエットを試すため、学習性無力感を感じやすいというのも原因のひとつと考えられます。

## ダイエットを成功させるモチベーション

動機付けと呼ばれるモチベーションは、人が努力する際にとても重要なものです。モチベーションには大きく分けて2種類あります。

**ふたつのモチベーション**

| | |
|---|---|
| **外発的モチベーション** | 努力することによって、報酬や評価を得たいという動機付け。 |
| **内発的モチベーション** | 行っている事柄自体に、楽しさ、充実感などを感じておこる動機付け。 |

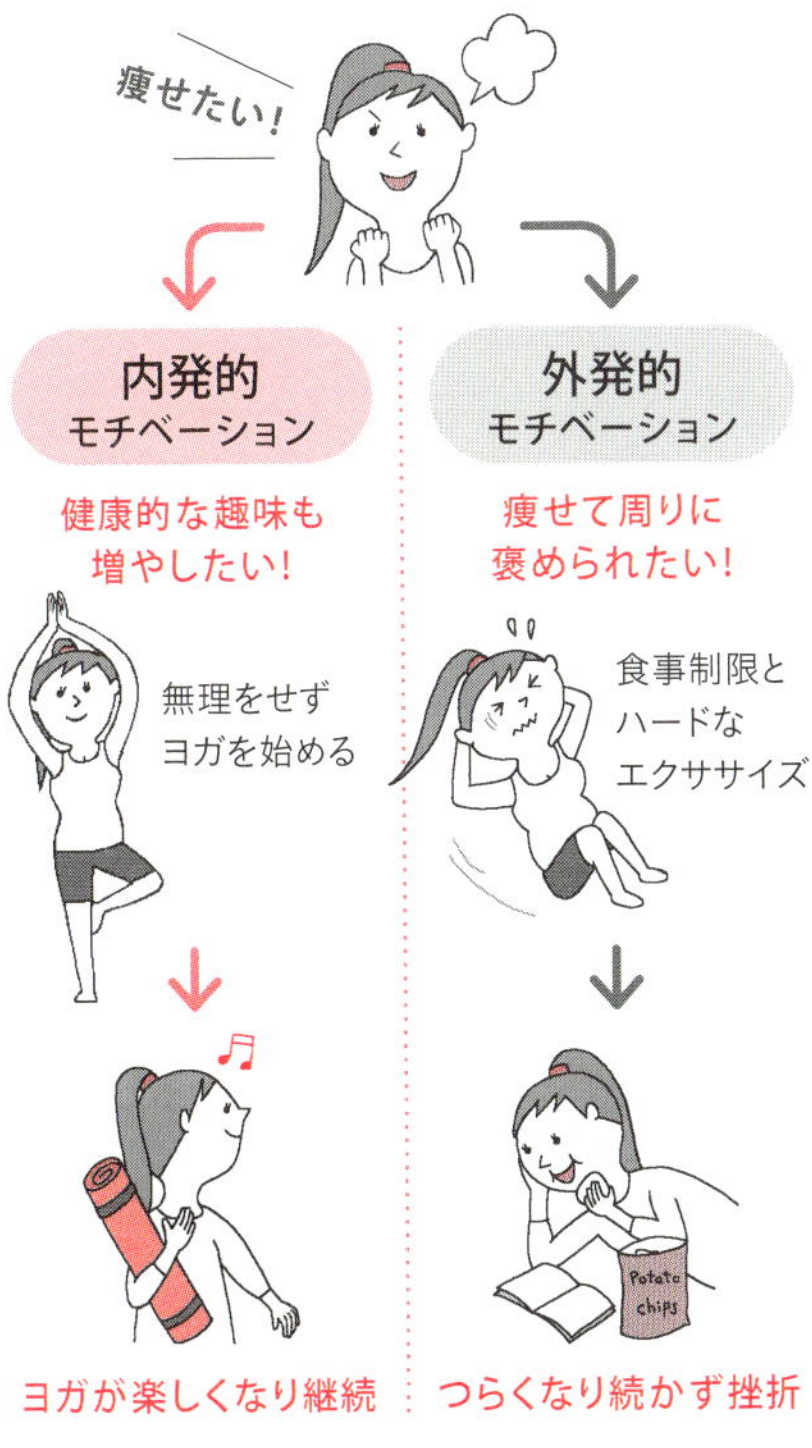

痩せたい！
内発的モチベーション
外発的モチベーション
健康的な趣味も増やしたい！
痩せて周りに褒められたい！
無理をせずヨガを始める
食事制限とハードなエクササイズ
Potato chips
ヨガが楽しくなり継続
つらくなり続かず挫折

10

# やっぱり美人は得をする？

## 外見がいいと成績や能力の評価も高くなる

### 美人ほど刑が軽くなる!?

男性は女性の外見に敏感です。美しい女性とすれ違うと多くの男性は振り返ります。女性の外見は男性にどう影響を与えているのでしょう。

アメリカの心理学者、ランディとシーガルは、男子学生に女子学生のレポートを評価させるという実験を行いました。レポートの内容は同じものを用意。それを書いたとする女性の写真をそれぞれ添えました。その結果、美人の写真を添えていたレポートは高く評価されたのに対し、そうではない女性の写真が添えられていたレポートには低い評価が与えられました。このことから、**外見の魅力が成績や能力の評価に影響を与える**と考えられます。

また、同じくアメリカの心理学者、オストロープとシーガルは、学生による模擬裁判で外見がどう影響を及ぼすか実験しました。

強盗事件の記事を読ませて、罪を犯した女性に対して適切と思われる懲役期間を学生に回答させました。記事には外見的に魅力のある女性と、そうではない女性の写真を貼りました。その結果、魅力的な女性のほうが、そうではない女性よりも刑が寛大になるという結果が出たのです。すなわち、**外見がいい人は善人だと思われやすい**ことがわかったのです。

### 男が美人を恋人にしたがる理由

男性は美しい女性を恋人にしたがる傾向にあります。男性ホルモンの影響で、競争心が強

＊**ハロー効果**　ある優れた面（または悪い面）があると、その特徴に引きずられ、ほかの面についての評価が歪められること。

く、ほかの男性よりも優位に立ちたいという優越感をもちたがり、それを実現するカギのひとつが美人のパートナーをもつことなのです。

心理学のある実験によると、**美しく魅力的な恋人がいる男性は、その男性自身も魅力的であると評価される**ことがわかりました。こうした現象を**「ハロー効果」***といいます。「ハロー効果」は、当事者そのものだけではなく、付随するものでもその人の評価が決まることがあるのです。

これらのことから、女性の見た目の影響は大きいといえ、うまく利用すれば、女性は外見のよさで能力以上の評価が得られるのです。

## 美人と一緒なら好感度アップ

「美人は得」といわれますが、女性自身だけではなく、美人を連れて歩いている人にも得をもたらすようです。

**美人がもたらすハロー効果**

男性が美人の友人や恋人と親しくしている印象を周囲に与えると……

**周囲の評価が高まる**

美人を連れて歩いていると「その美人が選んだ男性だから」とその男性自身の評価が上がる。これを美人がもたらす「ハロー効果」という。ハローとは「後光が差す」の後光のこと。

## 11

# 男にも女にもモテたい

## 「女にモテる」＝「女の厳しいチェックをクリアした証」

### 女のチェックは厳しい

　男性にモテたい。女性がそう思うのは当然ですが、実は女性にもモテたいと思っています。同性からどう見られるかは女性にとって非常に大切なのです。女性は気配りができ、細かいところに気づくことができます。逆にいうと、**さまざまなところをチェックする厳しい目をもっている**ということです。**女性に気に入られるということは、その厳しいチェックをクリアした証**。女性自身もその点を理解しているので、女性にもモテたいと思うのです。

　女性がほかの女性をチェックするポイントは、人柄や仕事のスキルもありますが、いちばんは「外見」です。顔、服装など、外見について無意識のうちに厳しくチェックをしています。同時に**女性の嫉妬心が一番わくのも外見**です。

　男性は同性の経済力や社会的地位などに嫉妬をしがちです。外見にはそれほどこだわらず、相手がイケメンであっても、さほど嫉妬しません。ですが、女性は何よりも外見に嫉妬します。美人やスタイル抜群の女性が現れると、気持ちが乱れます。高学歴や高収入の同性にはむしろ尊敬の念を抱きます。自分との比較対象ではなく、「自分とは別のもの」と捉え、同じ土俵では比べないのです。とくに女性は、社会において、身体的魅力で評価される傾向があるため、同性の「美しさ」「若さ」には敏感になるのです。仕事などの実力ではなく、身体的魅力で得する女性に嫉妬心をもつのです。

＊**代理強化**　アメリカの心理学者、バンデューラによる概念。直接教わらなくても、他人の行動（代理）を観察するだけで「自分もそうしよう」という思いを抱くこと。

## 女は人をチェックしながら学んでいる

同性の嫌いな上司やお局さまを見て「あんな人間にならないように気をつけなくちゃ」と思う女性はたくさんいます。女性は日頃の振る舞いや外見など、すべてにおいてチェックが厳しいもの。だからこそ、「人の振り見て我が振り直せ」を肝に銘じている人が多いのです。このような「人の振り見て我が振り直せ」を*「**代理強化**」といいます。女性は、代理強化を、日頃の振る舞い、コミュニケーション、仕事、外見や持ち物に生かそうとしています。

---

女と男の違い

## ライバルに抱く「一番」の嫉妬心とは

外見、才能、経験……。ライバルに対しての嫉妬心は少なからず誰にでもあるもの。男女で「一番」嫉妬心が燃えるのはどこなのでしょう。

**女性**

美貌　　若さ　　セクシーさ

女性らしさ、性格などのほかに、女性がもっとも嫉妬心をかきたてられるのは、外見の美しさや若さ。「ちょっとキレイだからって」「若いからって」と嫉妬心を燃やす。

**男性**

経済力　　才能　　社会的地位

男性がライバルに一番嫉妬するのは、経済力や社会的地位。自分より高学歴、高収入、社会的に成功をしている相手にもっとも嫉妬心がわく。

TOPIC

# 外見を見れば本当の心理がわかる

言葉を交わすことだけがコミュニケーションではありません。むしろ、言葉ではない身振りや表情などが本心を伝えている場合があります。何気ないしぐさをチェックしてみると相手の本音が見えてきます。

## 言葉以外のメッセージも重要

人の感情や隠された心理は、言葉以外からでも読み解くことができます。身振りや表情、視線など、**「非言語コミュニケーション」**と呼ばれるものが、言葉よりもその人物の印象に大きく影響するといわれています。

### 印象に影響するのは？

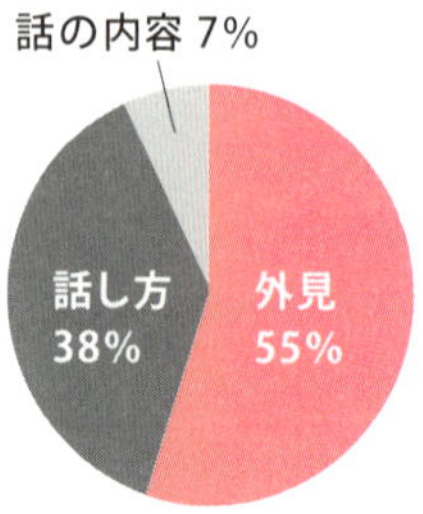


**メラビアンの法則**

アメリカの心理学者、メラビアンが提唱。人の印象は、そのほとんどが外見やしぐさなど、視覚情報から決まるというもの。

**非言語コミュニケーション**

### セルフプレゼンテーション

バッグやアクセサリーなどの持ち物で、その人を印象付けるもの。

### ボディランゲージ

身振り、表情、視線など。ジェスチャーもボディランゲージ。

### パーソナルスペース

他人が近づいたときの快、不快を感じる距離のこと。

### パラランゲージ

声の大きさや調子、話し方など、言葉とともに現れる動作や態度。

# 本音がわかる表情のポイント

コミュニケーションを図る際、言葉は意識して発することができますが、表情やしぐさなどの非言語コミュニケーションは無意識に出てしまうものです。どんなに感情を隠そうとしても、潜在意識が現れてしまうのが表情なのです。

## POINT 1　顔の動き

### 皺《しゅう》眉《び》筋《きん》

目の周りの筋肉の一部。眉間にしわを寄せる作用がある。嫌悪感があるときに動く。

### 頬《きょう》骨《こつ》筋《きん》

頬の辺りにある筋肉。大頬骨筋は口角を上げる作用があり、好感があるときに動く。

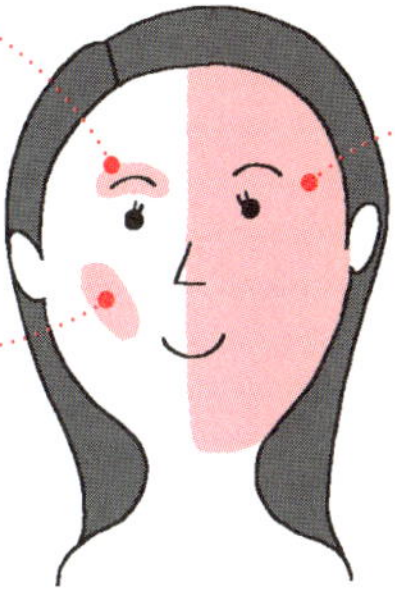

### 左側で本音がわかる

五感などの感性や知覚を司る右脳の影響が、左側の顔に出るため、本音の表情は、顔の左半分に出る。右半分は、言語や理論を司る左脳の影響が出るため、よそゆきの表情となる。

## POINT 2　目の動き

### 左上の視線

過去に体験したことや、行ったことのある場所を思い出そうとしているときの視線。

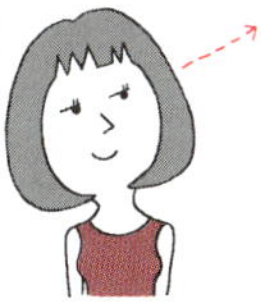

### 右上の視線

ウソをついているときの視線。経験にないことを想像するとき目線は右上を向く。

### 左下の視線

メロディなどの音楽や声といった、聴覚に関係するイメージを想像しているときの視線。

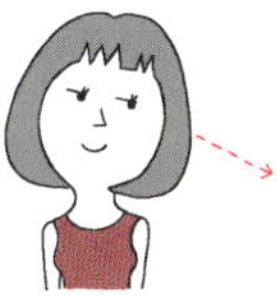

### 右下の視線

肉体的な苦痛など、身体的なイメージを想像しているとき、目線は右下を向く。

※左利きの人は反対になる場合がある。

1

# 顔のパーツで心理がわかる

人の性格は顔に出るといいます。美醜とは関係なく、顔のパーツ、表情筋の動きなどでその人がどんな人であるのかがわかるということです。人の印象を大きく左右する「顔」。そこに隠された情報を読み解きます。

## 目

### 小さい目

石橋をたたいて渡る慎重派。そのため、チャンスを逃しやすいことがある。嫉妬深い面ももつ。

### 大きい目

積極性があり行動的な性格。好奇心旺盛で子どもっぽい面もある。責任感が強いためリーダーに向いている。

## 鼻

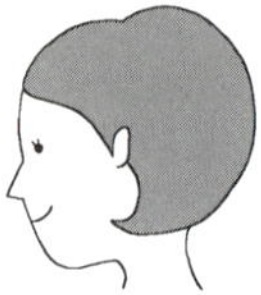

### 低い鼻

協調性があるが、人に流されやすい傾向にある。嫌われにくいタイプである反面、いいように使われてしまうことも。

### 高い鼻

自尊心が強く、自己主張もしっかりするタイプ。そのため対立を招く場合もあるが、社会的に活躍できる傾向にある。

## 口

### 小さい口

やや消極的なタイプで、困難にあうとすぐに諦めがち。人の上に立つよりもサポートするほうが向いている。

### 大きい口

活発で行動力があり明るい性格。情にもろく、おだてや誘惑などに乗りやすいため、だまされやすい面も。

## 顔の形

### 四角い顔

意志もプライドも強い。努力家だが、周囲の意見には耳を貸さない頑固な性格。やさしい一面もあわせもつ。

### 三角形の顔

頭の回転が速い頭脳派。想像力も豊かで美的センスも優れている。ただし、些細なことでパニックに陥りやすい。

### 丸顔

明るく社交的で人気がある。小さいことにはこだわらずおおらかなタイプで、あまり先のことは考えない。

MEMO

### 作り笑いは見やぶれる!

作り笑いかどうかを見やぶるには、「笑いはじめ」「笑顔が消えるとき」、「笑顔の持続」の3点がチェックポイントです。心から笑うときはまず口が笑い、そのあとから目が笑うのに対し、口と目が一気に笑うのは「笑い顔をしなくては」という感情からきています。そのほかにも、余韻を残さず突然笑顔が消えるなど、タイミングが不自然であるところが、作り笑いを見やぶるポイントといえます。

**心からの笑い**

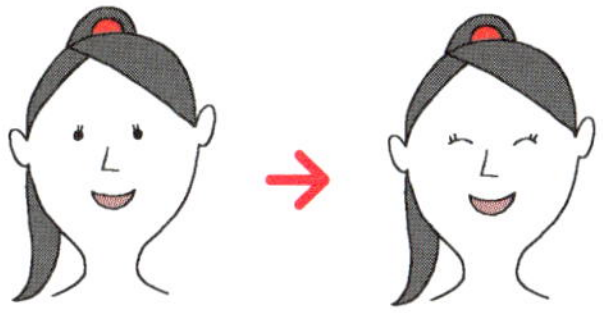

口が笑う　→　目が笑う

**作り笑い**

目と口が同時に笑う　突然表情が消える　同じ表情が長く続く

## 2 しぐさを見れば心理がわかる

「目は口ほどにものを言う」といいますが、それほど目の動きは感情を伝えています。また、手振りや身振りなども知らず知らずのうちに、相手への好意や嫌悪を伝えているのです。

### 目でわかる

#### 目がキョロキョロ動く

▶ 不安に思っている

自分に自信がない場合は目が落ち着きなく動く。精神的に不安定な場合も。

#### 見つめる

▶ 好意の表れ

興味があり目が離せないという心理から。とくに上目遣いは愛情に近い好意。

#### まばたきが多い

▶ 緊張している

まばたきが多いほど緊張感が高い人といえる。逆にゆっくりの場合は反論や否定の感情。

#### 視線をそらして話す

▶ 自分の意見に自信がない

緊張から相手の目が見られない。また話している途中で視線をそらすのは拒否のサイン。

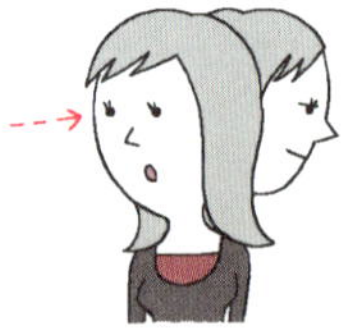

#### 目が合ったとたん、視線をそらす

▶ 相手が自分を見ていた証拠

気になってついつい見てしまうため、目が合うとあせって視線をそらしてしまう。

## 足でわかる

### つま先が開く

▶ **ポジティブな行動派タイプ**

向上心が強く、上昇志向のもち主。仕事にも恋愛にも貪欲。

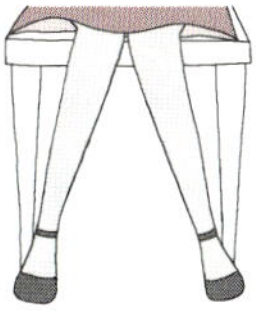

### 足首をクロス

▶ **夢見がちなタイプ**

空想的でロマンチストな面があり、精神的に子どもっぽいところがある。

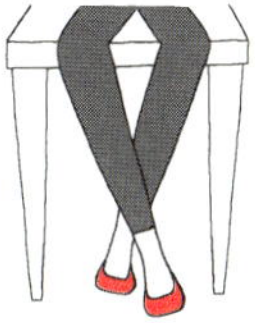

### そろえてななめ

▶ **プライドが高い自信家タイプ**

自分に自信があり、とくに容姿やセンスを褒めると非常に喜ぶ。

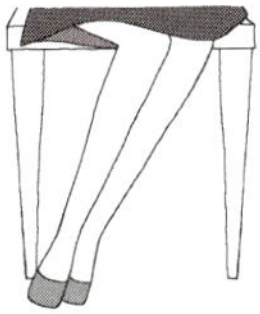

### 膝が開く

▶ **細かいことは気にしないタイプ**

リラックスしていて警戒心がないタイプ。異性関係もオープン。

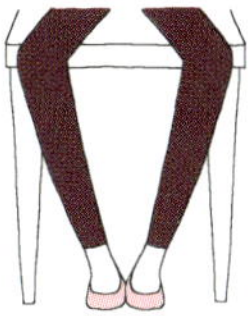

MEMO

### つま先は好意を表す？

相手の表情は笑顔でも、つま先は出口に向いていた、という経験はありませんか？ これは「早く帰りたい」というサインで、つま先の方向は相手への好意と関心を示すものといわれています。

### 靴を足にひっかけてブラブラしている

▶ **異性関係にだらしがない**

心理学で靴は「性」の象徴。半分脱いでだらしないタイプは貞操観念が弱い。

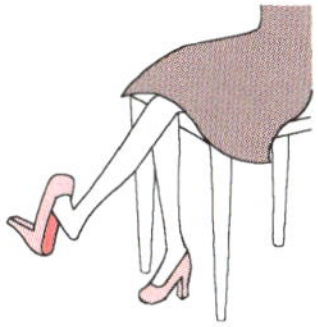

### しきりに足を組み替える

▶ **不満がある**

イライラしている、現状に満足していないしぐさ。欲求不満の表れ。

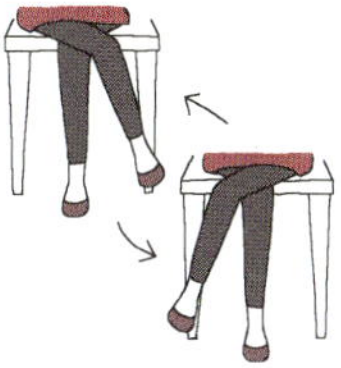

## 手でわかる

### 頬づえをつく

▶ **癒してほしい**

自己親密性（▶▶P47）からくるしぐさ。不満や不安があり、癒されたいと思っている。

### 口元に手をもっていく

▶ **相手に依存したい**

口に手をもっていくのは、精神的に幼稚な証拠。相手に甘えて依存したいと思っている。

### ボディタッチが頻繁

▶ **親しくなりたい**

女性は男性に比べ、ボディタッチが多い傾向にある。体の距離は心の距離と比例している。

### しきりに髪をいじる

▶ **退屈している**

しきりに指に髪を絡めたり、枝毛をさがしているようなしぐさ。自己親密行動（▶▶P47）のひとつ。

### 目や鼻をこする

▶ **緊張している**

やましいことがあったりウソをついてごまかしたいときに、緊張から出てしまうしぐさ。

### 頭のてっぺんをさわる

▶ **甘えたい**

子どもの頃、頭をなでられて安心した気持ちが忘れられず、しぐさに現れてしまう。

## 手をしきりに動かす

▶ **熟考している**

落ち着きのない様子に見えるが、頭の中はフル回転で考え事をしている場合に現れる。

## 体の前で手を握る

▶ **拒絶している**

グッと手を強く握っている場合は、怒りや拒否、不快な気持ちなどを抑えていることが多い。

## 手を隠して話す

▶ **警戒している**

手を後ろに回したり、ポケットに入れたりするのは、自分の感情を悟られたくない心理。

## 手の平を上にする

▶ **心を開いている**

リラックスしている証拠。「手の内を見せる」というように、親密な感情を抱いている。

MEMO

### 世界で異なるジェスチャーの意味

言葉が通じないとき、気持ちを伝える際に有効なのがジェスチャーです。しかし、私たちが使っているジェスチャーが、世界共通の意味をもっているとは限らないのです。

**小指を立てる意味は?**

**日本**
女性・恋人

**タイ**
友人・友情

**中国**
つまらないもの

**アメリカ**
弱気な男

**香港**
貧しい

**インド**
トイレに行きたい

行動でわかる

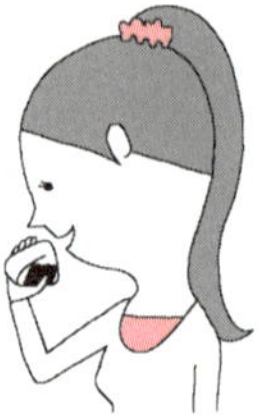

## 口に入れる前に食べ物を見る

▶ **執着心が強い**

口に入れるまで食べ物を確認するのは、「自分のもので間違いないか」ということを最後まで確認しないと安心できないという心の表れ。

## すぐに注文を決める

▶ **事務的な感情しかない**

その場の雰囲気を楽しもうとはしていない。とくに、男女で食事をしているときにこの行動が出たら、相手を異性として意識をしていない。

## ショーウィンドウに映る自分を必ずチェック

▶ **自分に自信がない**

自分に自信のあるナルシシストタイプに思われるが、実は逆で自分の内面に自信がなく容姿でカバーしようとしているため、自分の姿が気になる。

## 話の途中に首をかしげる

▶ **話に夢中になっている**

話に熱心にうなずいたりあいづちを打つほうが、話に夢中に見えるが、実はその逆で、聞き入っているときに出るしぐさ。

## 男性の前で服の乱れを直す

▶ **異性として意識していない**

異性の前で平気で身だしなみを整える行為は、その相手は恋愛に対しては対象外ということ。意識していて緊張をともなう相手の前ではできない。

## 相手と同じしぐさや言葉を言う

▶ 好意をもっている

グラスに手を置いたら自分もそうしたり、相手の発言を繰り返したり。これは好意をもっている人に同調（シンクロニー）してしまう心理。

## MEMO　座る席でタイプがわかる

会議室、カフェ、電車の座席など、「座りたい位置」、「好みの席がある」という人は多いと思います。いつも自分が何気なく選んでいる場所にも深層心理が隠れているようです。

### カフェで

壁際に座る人は、なるべく他人とかかわりたくないタイプ。

入口近くに座る人は、行動的だがせっかち。

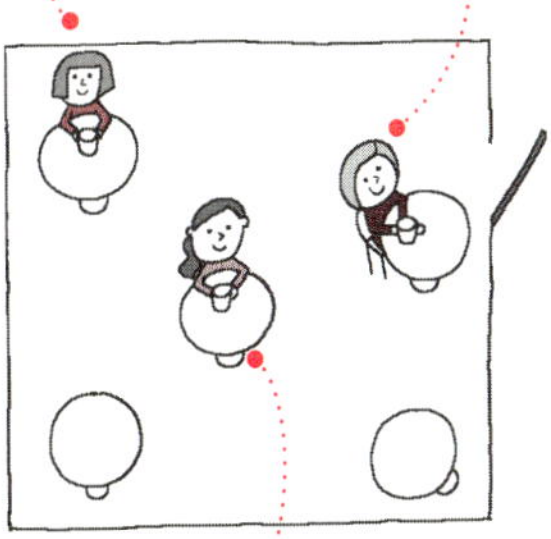

左右に人がくることが多い真ん中の席に座る人は、他人に無関心なタイプ。

### 会議室で

リーダー（1）の近くに座る人は、サブリーダーを狙っている。

リーダー（1）から離れた端に座る人は、消極的なタイプ。

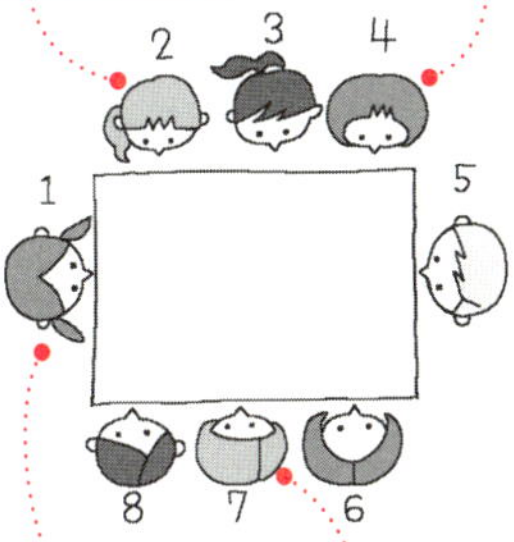


リーダーシップをとりたい人。座席が少ないほうを選び、注目されたがる。

真ん中に座る人は、外向的な性格で、積極的に話に加わるタイプ。

3

# 髪型で心理がわかる

女性は髪型のバリエーションも多く、気分転換にイメージチェンジする人も。髪型は、その人の気分や心理状態が表れるといわれているので、周囲の女性をチェックしてみると意外な心理がわかるかもしれません。

## ショート

積極的で自分の主張をしっかりもっている。顔がはっきりとわかる髪型なので、容姿や内面に自信のある人が多く、ありのままの自分を出せるタイプ。

## セミロング

目立ちたくない、無難を好む性格。チャレンジしたい気持ちがないわけではないが、大きな変化は好まない。容姿にはあまり自信がないタイプ。

## ロング

いつも女性らしさを意識しているタイプだが、芯がしっかりしていて冷静な判断ができる性格。ストレートのロングはプライドが高く、わがままな面も。

## 厚い前髪や耳が隠れる

厚い前髪は、感情を隠したいという表れで、耳を隠すのは情報を入れたくないという心理。周囲とのかかわりを避け、孤独を好むタイプ。

# 4 メイクで心理がわかる

メイクは、なりたい自分になるため、自分に自信をつけるための手段です。また、どの部分を入念にメイクするかによって、その人の深層心理がわかります。厚化粧の人ほど、自分をアピールしたい人といわれます。

**眉**

眉を描くと顔のパーツがはっきりと見えてくる効果があるように、気が強く、しっかりとした意志をもっているタイプ。

**目**

目は感情が表れやすい場所。そこをしっかり強調するのは、自己主張が強いタイプ。また、感情の起伏が激しいタイプにも見られる。

**肌**

スキンケアに力を入れるのは「若さ」や「清潔感」を求めアピールしたい心理。性格はまじめで正義感の強いタイプ。

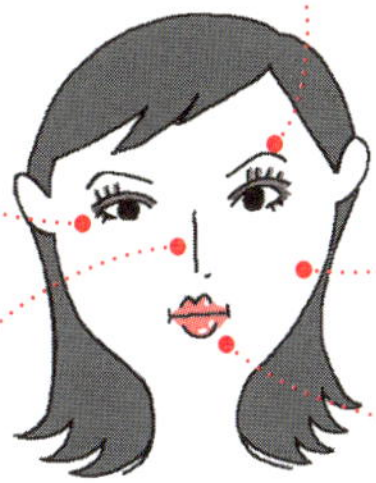

**鼻**

すっと鼻筋が通ったようなメイクを好むタイプは、プライドが高く、社会で成功したいと思っている。融通が利かない面も。

**口**

唇は性的なイメージをもつもの。肉厚な唇にするのは、異性へのアピールや、自分のセクシャルな部分に自信があるタイプ。

MEMO

## 化粧は仮面？

スイスの心理学者、ユングは、人のパブリックな一面を「ペルソナ」と呼びました。古典劇の役者が使った仮面のことで、化粧はその仮面とも考えられます。

人は「プライベートな顔」のときは、化粧もせず人の視線を気にすることなく自由でいられます。反対に、「パブリックな顔」のときは、会社や学校などその場所や周囲に適応するため、化粧をしたり身だしなみを整えたりします。ただ、この化粧がペルソナの仮面となり、周囲の人向けに作った自分を守ろうとするあまり、いつでも化粧をしていなければ落ち着かない、という状態になる場合もあります。

## 5 持ち物で心理がわかる

バッグや靴、サイフなどの持ち物は、持ち主の好みが大きく反映されているものです。その好みからは、その人のパーソナリティが垣間見えます。また、好みの色からもその人の深層心理を探ることができるのです。

### 靴

#### ローヒール

▶ **まじめでしっかりタイプ**

まさに、地に足がついた堅実でしっかりしたタイプに多い。まじめなため、一途な面ももちあわせている。

#### ハイヒール

▶ **女全開タイプ**

女性の特権ともいえるハイヒールを好むのは、自分の存在や女性としての魅力を存分に周囲にアピールしたい人。

#### ロングブーツ

▶ **自己防衛タイプ**

ロングブーツを好む人は自己評価が低く、自分を守りたいタイプ。心をしっかりガードしている。

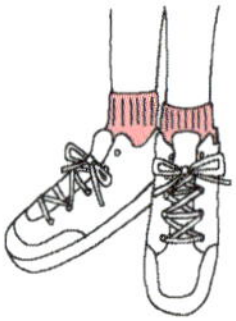

#### スニーカー

▶ **フレンドリータイプ**

履きやすく実用的なスニーカーを好む人は、親しみやすくマイペース。恋愛にはあまり積極的ではないタイプ。

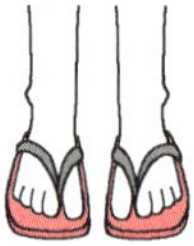

#### サンダル

▶ **自由人タイプ**

ミュールやビーチサンダルなど、かかとのない着脱が簡単な靴は、束縛を嫌うサバサバしたタイプ。

#### ショートブーツ

▶ **人気者タイプ**

ブーティなどのショートブーツを好むのは、明るくて積極的なタイプ。いつも人に囲まれた中心的人物。

# サイフ

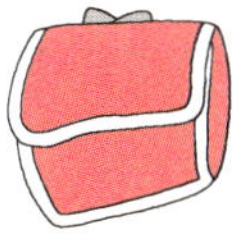

## パンパンなサイフ

▶ **心配性タイプ**

レシートやカードなどがぎっしり入ってパンパンなサイフの人は、独占欲が強く、心配性のタイプが多い。

## 高級なサイフ

▶ **経済観念しっかりタイプ**

高級なブランド物のサイフは、浪費家のイメージだが、実はお金の管理がしっかりしているタイプ。

## 小銭入れ

▶ **理屈家タイプ**

大きなお金は極力入れず、小銭を中心に使おうとするのは、理屈っぽく効率重視のタイプ。少しやっかいな面も。

## サイフの中が常にきれい

▶ **私生活までしっかりタイプ**

お金はもちろん、私生活もきちんとコントロールできるタイプ。さまざまな点で、管理意識がしっかりしている。

MEMO

### お金＝愛情？

お金の扱い方は、人の愛し方と似ているところがあります。気になる人のお金の扱い方を見れば、どんな愛情をもっている人なのかがわかるのです。

お金を大切にする人は、人に対してもやさしく、お金の勘定が細かい人は、愛情も自分でコントロールしないと気がすまない傾向にあります。お金や愛情は、生きていくために必要なものです。大切なものをどう扱うかという点で、「お金の扱い方＝愛情の扱い方」といえるのです。

# バッグ

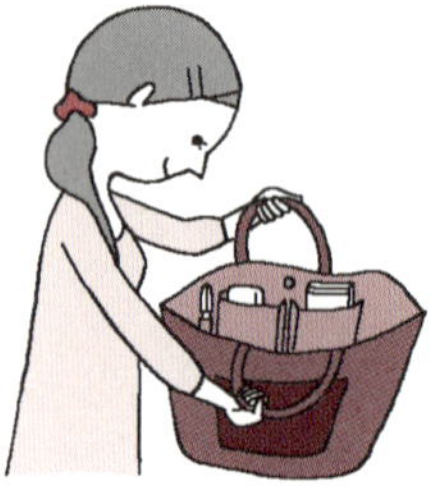

## ポケットが多いバッグ

▶ **完璧主義タイプ**

このバッグを好む人は、強迫的な性格で、完璧主義な人が多い。持ち物を完璧に整理し、不完全な状態にはストレスを抱える。

## トートバッグ

▶ **マイペースタイプ**

バッグの上部が開いているトートバッグは、オープンな性格。しっかり閉じられていないことに不安を抱かない、自己防衛能力が低いタイプ。

## 複数のバッグを持つ

▶ **混乱タイプ**

いくつものバッグを持っている人は、自我が整理できず、迷いや抱えているものが多すぎて動きがとれない、どうしたらいいか悩んでいるタイプ。

## 大きいバッグ

▶ **心配性タイプ**

旅行にでも持って行けそうな大きなバッグを持っている人は、不安や不満が払拭できないタイプ。欲求が満たされず心配なことも多い。

# 持ち物の色でわかる心理

スイスの心理学者、ルッシャーは「色の好みには
心理学的な意味が隠されている」と説いています。
ドイツの詩人、ゲーテや、スイスの心理学者、ユングも研究を行った分野です。

### 黄
YELLOW

キーワードは、明るさ、好奇心、知性。精神を高ぶらせ元気が出る色。光や希望をもたらす。

### ピンク
PINK

キーワードは、豊かな愛情、愛らしさ、ロマンチック。幸せを象徴する色とされている。

### 赤
RED

キーワードは、情熱、怒り、反抗心、強い生命力。精神に刺激を与え、活動力を表す。

### 紫
PURPLE

キーワードは、神秘、エロティック、芸術的。気高さとセクシーさをあわせもつ。理想主義なども。

### 青
BLUE

キーワードは、知性、冷静な判断力、責任感。リラックスとヒーリングをもたらし人を惹きつける。

### 緑
GREEN

キーワードは、優越感、不変性、バランス。我慢強さや堅実さを表す。中立的なイメージ。

### 金
GOLD

キーワードは、男性性、意識。明るく力強いイメージ。自尊心が強く、自分に自信がある。

### 銀
SILVER

キーワードは、女性性、直感、本能。のびのびとして開放的。素直で明るいイメージ。

### 黒
BLACK

キーワードは、拒否、放棄、断念。強い者へのあこがれや、圧迫感からの逃避欲求など。

## ⑥ ファッションで心理がわかる

ファッションは、自分が他人からどう見られたいかを演出する重要なツールです。しかし、ファッションから見えるイメージが、そのままその人のパーソナリティとは限らないのが面白いところです。

流行のファッション
↓
みんなと同じ安心感

### みんなと「一緒」なら落ち着く

流行に敏感なファッションをしている人は、**人と自分が違うことに対し不安をもっている傾向**にあります。「周囲から取り残される」「自分だけ違うのは不安」といった心理が働くためです。**他人に対しての依存心が強い**タイプともいえるでしょう。

個性的ファッション
↓
意外とまじめ

### 自分や周囲を冷静に把握

「独自の世界がある人」と思われがちですが、逆に、**まじめで自分自身や周囲をしっかり把握しているタイプ**です。自分の無個性にコンプレックスがあり、個性的なファッションで補うなど、周囲の中にいる自分という存在を認識しているのです。

とにかく派手
本当は内向的

## 派手な鎧を身にまとう

「派手＝目立ちたがり屋」と思う人も多いでしょう。しかし、派手なファッションを好む人は、**内向的で自信のなさや不安を解消したいと思ってる傾向**にあるのです。

　人が自分の体について感じるイメージを**「身《しん》体《たい》像《ぞう》」**といい、他人から見た自分のイメージを作るものを**「身体像境界」**といいます。身体像境界となるものが、服というわけです。自分と他人のもつイメージの境界がはっきりわからず、**自分に自信がない人は、「派手」という鎧を身にまとって「外向的な私」を目指しているの**です。

露出度が高い
自己中心的

## 「私」を存分にアピール

キャミソール、ミニスカート、ショートパンツ。今や定番となった露出度の高いファッションを好む人は、どのような心理をもっているのでしょう。

　この場合の心理にも**「身体像境界」**が関係しているといえるでしょう。服という鎧の範囲が少ないということは、自分が認識している「私」をアピールしたいということになります。自我を隠す鎧は必要ないということでしょう。つまり、**自尊心が強く、自我も強い**ということです。周囲にはとらわれず、**徹底して我が道を行くタイプ**に多いと考えられます。

凝ったデザイン
↓
融通が利かない

## オリジナルにこだわる強い意志

おしゃれでデザイン性の高いファッションは、男性用より女性用に多く見られます。オリジナリティあふれるデザインを好む人は、おしゃれに敏感な人といえると思いますが、**頑固で融通が利かない**面もあります。機能性や実用性を取り入れるよりも、多少着づらくてもデザイン性を重視する点は、**自分が思い込んだら、その考えを変える柔軟性には欠けている**といえるでしょう。

一方、オリジナリティへのこだわりから、表現力は豊かで行動的なタイプであると考えられます。

---

メルヘンファッション
↓
現状に満足していない

## 安心できる穏やかな世界にいたい

まるでメルヘンの世界から抜け出したようなフリルやレースがふんだんにあしらわれたファッション。「ロリータファッション」ともいわれ、いわゆる**「大人が着る少女服」**です。「少女」には、大人の世界のさまざまなしがらみがない、純真・無垢といったイメージがあります。メルヘンファッションには、そのような**シンプルな世界へ行きたい**といった心理が隠されています。**自分の現状にわずらわしさを感じ、安心できる世界を求めているタイプ**と考えられます。安心できる世界にいることで、心の安定を感じているのです。

## さらにステキな自分を目指す

もっとも女性らしい靴といえば、ハイヒールですし、一時期流行した厚底靴も女性ならではのファッションです。多少履きづらくても履いてしまう女性の心理はどのようなものなのでしょう。

これは、**今の自分よりワンランク上を夢見ている心理**と考えられます。高いヒールや厚底靴を履けば、身長だけではなく、**自己認識している自分よりワンランク上にいるような気持ち**になれると感じるのです。自分磨きには熱心で、上昇志向が強く、またその努力も惜しまないタイプでしょう。

## 自信があるから着飾らない

流行に左右されず、かといってセンスがないわけでもないベーシックファッション。流行に敏感ではなく地味でおとなしい人に見えてしまいますが、**秘めたるこだわりをもつ人**に多く見られるファッションです。自分や自分の信念に自信をもっているため、ファッションという鎧に頼ることなくベーシックで十分と思っているのです。

一方、**自己主張も強く、頑固な面**もあります。おとなしい人かと思いきや、説得や交渉するには難しいというギャップを感じるタイプかもしれません。

COLUMN 3

# 女の深層心理がわかる心理テスト

自分でも気づきづらい「深層心理」。何気なく選んだ内容によって、隠された心理が見えてきます。知らない内面が見えてくるかもしれません。

TEST 1

## QUESTION

バーゲン会場で、あなたがほしいと思った商品を、ほかの客に取られてしまいました。買おうか迷っているその客に対してあなたは?

A 同じ商品の在庫がないか店員に聞いてみる

B あきらめてほかの商品を探す

C その客が商品を手放すのを待つ

D その客に譲ってほしいと頼む

## ANSWER

### 腹黒度がわかる

ほしい商品は「自分の欲望」を表している。その欲望に対し、どのような行動をとるかで腹黒さがわかる。

**A 腹黒さ0%**

腹黒いことを考えるよりも、正当な方法を考え行動するタイプ。ただし、常に正当すぎる方法を選ぶあまりに融通の利かない面もあるようです。

**B 腹黒さ20%**

いさぎよくあきらめるあっさりタイプ。ただし、あっさりしすぎて淡白すぎる傾向があり、大切にしているものさえ逃してしまう可能性も。

**C 腹黒さ50%**

状況をしっかり見て判断を下そうとしているタイプ。そのため、やや腹黒い傾向にあります。仕事でも状況をしっかり把握する要領のいいタイプでしょう。

**D 腹黒さ100%**

とにかく自分の欲求が満たされないと気がすまないタイプ。欲求を満たすためならどんな手を使ってもいいと考えるこわい面をもっています。

TEST 2

## QUESTION

**あなたの家の近所で火事が発生しました。**
**駆けつけたときには、消防車も到着し消火活動中でした。**
**そのときの火の勢いは？**

- **A** まだまだ火の勢いがある
- **B** 火の勢いは徐々に弱くなってきていた
- **C** 火の勢いはだいぶ弱くなってきていた
- **D** ほぼ鎮火していた

## ANSWER

### 浮気願望度がわかる

火事は性欲の高まりを、炎の勢いは男女関係でのトラブルを表している。性欲が原因でトラブルが発生する可能性がわかる。

#### A 浮気願望100%

浮気のチャンスを常に狙っているタイプ。消防士のように、抑止するものがあっても炎の勢いは止まりません。相手が誰であってもスキあらば、と思っています。

#### B 浮気願望70%

あとに引きずらない、あとくされない関係ならば、と浮気も視野に入れています。ただ、面倒なことにはまきこまれたくないため葛藤しているタイプ。

#### C 浮気願望50%

まったく浮気願望がないというわけではないが、発覚したときなど、うまく対応する自信がないため「自分は浮気はむりだ……」と思っているタイプ。

#### D 浮気願望0%

トラブルが嫌いなうえ、常識的に行動できるタイプなので、浮気願望はほぼゼロ。「セックスは愛がないと」と思っているため、浮気の可能性も低いでしょう。

TEST 3

## QUESTION

**年の離れたあなたの妹が、つらいことがあったのか泣いています。このとき、あなたがしてあげたことは?**

- **A** ひと晩中黙って話を聞いてあげる
- **B** 適切なアドバイスをしてあげる
- **C** 妹を楽しませるため一緒に外出してあげる
- **D** あえてそっとしておいてあげる

## ANSWER

# セックス傾向がわかる

自分より弱い存在を助けてあげるときの対応は、あなたがしたいと思っているセックスの象徴。

### A すべてが受け身

自分から積極的には動かず、ひたすら受け身なタイプです。セックスもリードしてもらい、セックスのあともやさしくしてほしいと思っています。

### B ノーマルなセックスが好き

冒険したセックスに興味がなく、マニュアル通りのノーマルなセックスを好むタイプです。普段も適切で正しい行動をとっている人でしょう。

### C とにかくセックスが好き!

セックスは楽しむためにすることだと思っているタイプです。そのため、特定のパートナー以外の人とも関係を結んでしまうことも。

### D セックスには淡白

他人からの干渉が苦手でかまわれたくないタイプのため、セックスに関しても淡白。サッとやって、サッと終わって、サッと寝てしまいと思っています。

TEST 4

## QUESTION

**有名な画家に会いました。その画家の絵が大好きなあなたは、その画家に帽子をプレゼントしようと考えます。その帽子とは？**

A　丸い形をしたニット帽

B　ベレー帽

C　つばの長いハット

D　野球帽のようなキャップ帽

## ANSWER

### パートナーに対する嫉妬度がわかる

画家は「未来のビジョンを描く人」を表し、恋人との関係の象徴。どんな帽子を被らせたいかで、あなたの頭に渦巻く嫉妬心がわかる。

**A　嫉妬度10%**

あまり他人に興味がわかないタイプ。パートナーに愛情がないわけではありませんが、浮気をされても「別に」と気にとめません。

**B　嫉妬度50%**

無難なベレー帽を選んだあなたの嫉妬度は並レベル。一瞬は怒ったとしても、小さいことにはこだわらず、またすぐに忘れてしまうタイプです。

**C　嫉妬度100%**

末広がりのハットは嫉妬心も末広がりを表しています。一度抱いた嫉妬心は、どんどん膨らんでいきます。なかなか抑えることが難しいタイプ。

**D　嫉妬度？%**

一部分が突き出たキャップを選ぶのは、特定の部分に執着するタイプ。言葉なのか、行動なのか……。何が嫉妬心に火をつけるかわからないタイプ。

TEST 5

# QUESTION

**あなたは誰かにずっと追いかけられているこわい夢を見て目を覚ましました。その追いかけていた人物とは?**

A 上司

B 幽霊

C 骸骨《がいこつ》人間

D オオカミ

# ANSWER

## 心の奥にある弱点がわかる

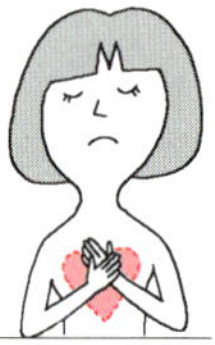

「追いかけられている」という夢は、周囲に隠している自分の弱みを表している。その対象にはそれぞれに意味が隠されている。

### A プライドが高く他人に頼れない

上司は「頼れる人」を表します。困ったことがあるのに、誰にも相談することができないという、プライドが高く弱みを人に見せられないタイプです。

### B とにかくすべてをこわがっている

幽霊は「警告」を表します。はじめての仕事や人など、すべてのことに対し警戒し、こわがっています。心の壁が厚く心を許せる人が少ないタイプです。

### C 仲間はずれがこわい

骸骨は「ネガティブな感情」を表します。たとえば、友人や同僚などが楽しそうに話しているのを聞いて「自分は仲間はずれだ……」と不安をもつタイプです。

### D 実は異性がこわい

オオカミは「異性に対する性的なおそれ」を表します。つまり、異性をこわいと思っていて、近づきたくないという深層心理をもっているタイプです。

# 第4章

# 職場で見られる女の心理

1

# 「なぜこの仕事をやるのか」を知りたがる

## 女はさまざまな可能性や展開が脳裏に浮かんでくる

### 最初の段階で心配事を解消したい

「どんな仕事でも上司から頼まれればやるしかない」。そう思うのは男性に多いようです。男性は上司と部下という上下関係を強固に守ろうとするため、上司から命じられた仕事は、たとえ見切り発車でも「何かあったらそのとき考えよう」と、引き受けてしまう傾向にあります。

ところが女性は、新しい仕事を頼まれたときに、「内容」「人員」「締切」などを事細かに確認します。そして「なぜ自分が担当するのか」という質問まで飛び出します。

女性は、男性ほど上下関係にしばられないうえに、**左右の脳の連動がよいため、さまざまな状況や可能性が脳裏に浮かんできます。**するといくつか想像できる障壁についての対処法など、**最初の段階で「心配事」を解消したい**と思うのです。また、**仕事の一連の流れを想像できる**だけに、自分の能力、職場の状況などと照らし合わせ、その仕事に対し「どうして自分がやるのか」という疑問も浮かんでくるのです。

### 疑問にはさまざまな感情が含まれる

「どうして自分がやるのか」と思う心理は、いくつか考えられます。ひとつは「評価」です。「君に任せたいから」なのか「ほかにやる人が誰もいないから」なのか。自分の評価が知りたいと同時に、モチベーションにもつながる大きな関心事です。女性の感情は、**左右脳の働きに連動して活発に動きます。**感情に大きく左右さ

＊**セルフ・ハンディキャッピング**　何かをやる前に失敗しても、自分の能力のせいではないと自尊心を守るための行為。試験前に「全然勉強しなかった」と周囲に漏らす行為など。

れるモチベーションの有無は女性にとって大変重要なのです。もうひとつは、不公平な割り振りに対する「不満」の場合もあります。「いつもヒマそうな人がいるのに、なんで自分ばかりに仕事がくるのか」といった抗議的意味合いです。女性は**他人の振る舞いや場の空気を察知する能力が高く、女性同士の情報網が発達している**こともあり、周囲の状況をよく把握しています。誰が仕事ができて、誰ができないかをよく見渡せるため、不公平さも察知してしまうのです。

　いずれにしても、女性は不安を解消し、納得してから仕事を進めたい傾向にあるのです。

## 女は細かいことまで知りたがる

女性がいろいろ知りたがるのは、興味だけではなく理由があります。細かいことに気づき、先を予測するためさまざまな情報が知りたいのです。

### 不安から

女性はプロセスを重要視するため（▶▶P164）、作業の方法や正確性が気になり、その不安を払拭したい。

### 自分の評価を確認

仕事を任されるのは、自分の実力が認められてなのか、押しつけられているのか。自分の評価を確認したいため。

### 公平さを求める

とくに職場では「公平理論」（▶▶P172）が存在する。不公平さを感じている場合は、上司に公平さを求めるため。

### 自己弁護によるもの

得意ではない仕事を振られたとき、失敗時の言い訳を前もって用意しておきたいため。これを「*セルフ・ハンディキャッピング」という。

2

# 「私ってダメな子だから」で逃げる

### 自分を守るための手段として発言する

## 人に迎合する心理が働く

「私ってダメな子だから」などと、ことあるごとに自分を卑下する言葉を発する女性がいます。よくよく話を聞いてみると、本気でそう思っていないと思えるケースも多く、対応に困ってしまいます。どのような心理によって、本音とは違う言葉を発するのでしょうか。

その要因のひとつは**「迎合行動」**（▶P163）によるものです。自分をあえて卑下することで相手の優位性を認め（相手をもち上げ）、好意を得ようとする心理です。

そのほか、他人から「ダメな子」と言われる前に、自分から宣言しておけば傷つきにくくなるという**心理的防御の姿勢で発する**ケースも考えられます。

過剰に卑下するようなら、相手が否定してくれることを期待している可能性もあります。「私、かわいくないから」「そんなことないよ」という会話は女性同士の間でしばしば見られます。こうしたタイプはもともと**自己評価が低く、卑下を否定されることで自尊心をなぐさめている**と考えられます。

## 深層心理では自己愛が強い

さらには、開き直るパターンもあります。**「自己確証フィードバック」***という心理です。相手の同意を得るため積極的に周囲に働きかける行為で「自分はこういう性格（能力）だから」というタイプです。マイナスの性格特性の場

＊**自己確証フィードバック**　自己が認識している性格について、周囲の同意を得るための発言、振る舞いを積極的に行うこと。他人に自己概念を認めてほしい行為。

合、なかば開き直った強引な意味合いを示しており、そう言われてしまったら、相手は善後策のアドバイスが言えなくなり、その性格を丸ごと受け入れるしかなくなります。

　こうした言動は、傷つきたくない、嫌われたくない、むしろこんな自分を受け止めてほしいといった、**自分を守るための手段として用いる**と考えられます。これは、**自己愛が強い人に多く見られる言動**といえるでしょう。

　多くの場合、その場しのぎの問題回避で、自分自身を見つめることを拒否している心理からくる発言だといえるでしょう。

## 自己卑下する女の本音

自分を卑下する女性には「出しゃばらない」「奥ゆかしい」という印象をもつ人もいるかもしれません。しかし意外な心理もあるのです。

### 1 誰かに依存したい

「ダメな自分」をアピールすることで、誰かに助けてもらいたいと依存している。

### 2 傷つかないための予防線

人から言われる前に自分から言ってしまえば、人から言われる可能性は低くなる。

### 3 「これが私」の自己愛

「ダメな自分」が好きなタイプ。逆に個性だと開き直り、他人に口を出させない。

### 4 否定の言葉で安心したい

「そんなことないよ」という言葉を期待している。自分に自信がなく肯定してほしい。

# 3 おせっかいを焼く女

## 感謝されることで自分の存在意義を確認したい

### 「世話好き」と「おせっかい」の差

おせっかいな人の特徴としてあげられるのが「あなたのためを思って」というフレーズを口にすることです。少しでも役に立ちたい、応援したいなどの意思表示で、比較的女性に多い心理といえます。ただ肝心なのは、その親切を本当に相手が望んでいるかどうかです。

「世話好き」と呼ばれて感謝される人は、まず相手の考えを尊重します。そして純粋な心から世話を焼き、受けた側は素直に感動するのです。ところが同じ世話を焼いても、おせっかいな人はその尊重が足りず、自分本位の考え方で解釈し、押し売りという形で世話を焼きます。

こうしたひとりよがりな行動の源は**承認欲求**（▶P160）によるものだと考えられます。他人から認められたいという感情が強く、その欲求を満たすため、あるいは自分をなぐさめるために世話を焼き、感謝されることで**自分の存在意義を確認**するのです。また、親切にすることで**相手をコントロールしよう**とする心理もうかがえます。そのため、自分の言うことを聞いておけば間違いないといった、見下したような態度をとることもあります。さらに自分は正しいと思い込んでいるので、相手の反応が鈍いと「せっかく世話してあげたのに」と不快感を示すことも少なくありません。

### 改善が難しく、トラブルも多い

さらにおせっかいが過剰な人は「**メサイア・**＊

＊**メサイア・コンプレックス**　「メサイア」とはメシア、救世主のことを指す。自分が救われたいがために、救世主然として人のために何かをしようとこだわる心理。

**コンプレックス」**の傾向があると考えられます。**自己否定が強く、自分を愛することもできない。**そのストレスから解放されたいがために周囲に見下せる相手（ダメだと思う人）を作り、「あの人を見捨てないのは自分だけ」と、自分を勝手に特別な存在にまつりあげ、自己満足に浸っているのです。自分は人の役に立っていると思い込んでいるので、周囲から指摘されても改善が難しく、自然とトラブルも多くなります。

　女性には母性があり、人の世話を焼きたがる傾向にありますが、世話好きを通り越しておせっかいになる人には、こんなウラがあるのです。

## メサイア・コンプレックスの特徴

人を助けずにはいられないメサイア・コンプレックス。ただ、その心理には、人のためというよりも自分のためであるところに問題があります。

### 人を助けることで自己をアピール

誰かを救うことで認められたい、必要とされたいという思いから、必要以上に世話を焼いたり、ときには問題をわざと大きくする。

その困難な状況の人を手伝ってあげている自分はすばらしい人、と周囲にアピールする。

### 感謝されないと怒る

自分が望んでいる評価や賛辞を得られなかったときは、「あなたのためにこんなに努力してあげたのに！」と怒りがわく。

### メサイア・コンプレックスになりやすいタイプ

**マイナスの感情が強い**

「認められたい」「誰もわかってくれない」「救ってほしい」といったマイナスの感情をもっている。

## 4 仕事もプライベートも同時にこなせる

### 女は一度に複数のことができ、考えることもできる

### 仕事を最優先する男が理解できない

「私と仕事のどっちが大事なの？」。そう詰め寄られて返答に窮する男性――。男女のエピソードで定番ともいえるやりとりです。

女性と男性の優先順位には違いがあるのです。

男性は、生きていくために必要なこととして仕事を優先的に考え、自分の能力を最大限発揮しようとします。そのため、外での生活や人間関係を重視します。もちろん、パートナーを含めた自分にかかわるすべてを大切だと思ってはいますが、男性は、右脳と左脳が別々に働くため、**シングルタスク***となり、**目の前のことを最優先してしまう傾向**にあるのです。仕事が急に入れば仕事、家族が入院したなら家族、とそのときどきで優先順位を決めているのです。

### 仕事もプライベートも大事

一方、女性は、右脳と左脳をつなぐ脳梁《のうりょう》が太いので脳の連携がよく、**一度に複数のことができ、考えることもできます**。たとえば、仕事をしながら帰宅後の買い物のことを考えることができますし、来月の旅行のこともイメージできます。あるいは転職活動をしながらでも、以前と変わらぬモチベーションで仕事することもできます。つまり、女性にとっては仕事もプライベートも同時進行で考えられるものなのです。

プライベートの予定があれば、その間に仕事をどう処理するかを考え、突発的な仕事が入って予定を崩されないよう、上司への事前確認も

＊**シングルタスク**　一度にひとつのことしか処理できないこと。ひとつのことに集中できるというメリットもある。同時に複数のことを処理でることを「マルチタスク」という。

怠りません。また、念を入れて「この日は予定があります」と報告もしっかりします。**仕事もプライベートも大事。**だから**同じぐらいの優位性で考えて行動をしている**のです。女性はそうした立ち回りができるからこそ、目の前のことを最優先する男性の対応にイライラして、冒頭のようなエピソードが生まれるのです。

ただし、公私混同という意味で、仕事とプライベートの区別がしづらいという面もあります。プライベートで仲よくなった上司に、職場で敬語をつい忘れて話してしまうなどといった、場違いな行動を起こす場合もあります。

**女と男の違い**

## 仕事とプライベートの両立

女性も、仕事とプライベートが別物とはわかっています。ただ、一度に多くのことを考えることができるため、並列にしてしまうのです。

**女性**

仕事の締め切り
彼に電話
デート

女性は、右脳と左脳の連携が活発なため、仕事をしながらプライベートについて考えることが簡単にできてしまう。

**男性**

会議
クライアントに電話
デート

男性は、考えるときに右脳のみを使うため、一度に多くのことを考えることができない。仕事時にプライベートなことは考えられない傾向に。

# 5 認めてほしいけれど出世はイヤ

## 成功を自分への不利益と想像して臆病になる女

### がんばりたいけど目立ちたくない

男女に限らず誰にでも夢や目標があります。それは、言いかえると「欲求」ともいえます。欲求は、食欲や睡眠欲など比較的簡単に叶うものから実現していき、そのあとには、「理想の自分」を実現したいという欲求に上がっていきます。「仕事で認められたい」という欲求もその欲求段階のひとつですが、女性と男性では異なる心理があるようです。

今や女性の社会進出により、女性も男性顔負けの仕事ぶりを発揮しています。**承認欲求***から周囲に認められたいとがんばって働いたことが結実したといえますが、女性の場合、せっかくがんばってきたのに報奨として得られるはずの「出世」に対する欲求は複雑です。なかにはあえて出世を避けるケースも少なくありません。理由は**「周囲から浮いてしまう」「地位が上がると、女性としての魅力に欠け、男性から敬遠されてしまいそう」**など、出世を自分にとってけっして喜ばしいことと思っていないからです。こうして、成功することをこわがったり、自分への不利益を想像して臆病になることを**「成功回避動機」**といいます。

### 社会的通念が成功回避動機の原因

アメリカの心理学者、ホーナイの心理実験により、男性より女性のほうが成功回避動機が強いことがわかりました。これは社会的通念が大きく影響していると考えられます。「男尊女卑」

＊**承認欲求**　社会的に他人に認められたい、尊敬されたいという心理。コミュニケーションに大切な心理で、承認欲求が満たされないと孤独感を抱き、自尊心の低下を招く。

に代表されるように、女性には「従順」「内助の功」などといったイメージがいまだに残り、女性が成功することは伝統的な女性の役割を壊すことになります。そのような意識から、人から認められたいといった**承認欲求をもちながらも、成功回避動機を抱く**という、いわば矛盾した心理が生まれるのです。

しかし、最近では男女平等の社会制度が広がっているので、女性の管理職も増え、女性が成功に対して抵抗を感じにくい環境が少しずつ実現しています。成功回避動機をもたない女性が今後は増えていくかもしれません。

## 人の欲求とは

人にはさまざまな欲求があります。アメリカの心理学者、マズローは、欲求を5つの段階に分けています。

### マズローの欲求5段階説

マズローは、人間の欲求は5段階に分かれていると説いた。低階層の欲求が満たされると、次の階層の欲求を満たしたくなるというもの。

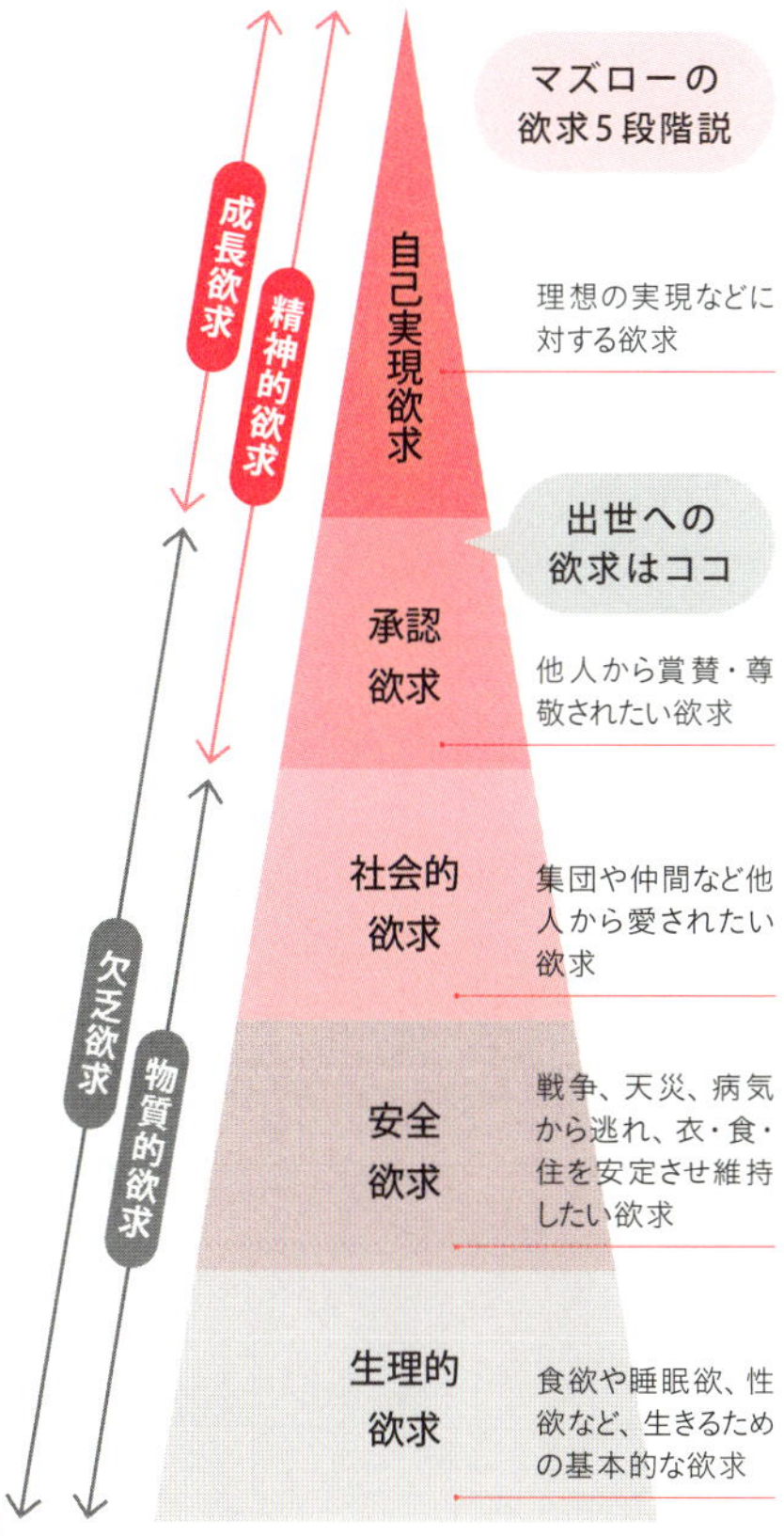
マズローの欲求5段階説
成長欲求
精神的欲求
欠乏欲求
物質的欲求
自己実現欲求
理想の実現などに対する欲求
出世への欲求はココ
承認欲求
他人から賞賛・尊敬されたい欲求
社会的欲求
集団や仲間など他人から愛されたい欲求
安全欲求
戦争、天災、病気から逃れ、衣・食・住を安定させ維持したい欲求
生理的欲求
食欲や睡眠欲、性欲など、生きるための基本的な欲求

# 6 上司と親しくなれる

## 上下関係より距離感を重視する女

### なれなれしい口調は無礼ではない!?

あなたの職場を見回してみてください。男性は上司との上下関係を明確にし、それをしっかり守ろうとしていませんか？　一方、女性は、とくに相手が男性の上司の場合、上司に対してフレンドリーな口調や態度でやりとりし、しかも、それがどこか許されている雰囲気がないでしょうか。

これは多くの職場で見られる風景です。許されるのは、単に「部下が若い女性だから」「上司からすると娘のような存在だから」ではありません。**協調性や同調性を大切にする女性は、上下関係よりもその人との距離感を重視**します。また、**「会話」を駆使し、人間関係を円滑にするためのコミュニケーションが得意**なのです。上司にとっては、昇進すればするほど部下との距離が開いてしまう傾向にあります。そこに気さくに声をかけてくれる部下がいたら誰だってうれしいものです。女性部下のフレンドリーな口調は、上司とうまくコミュニケーションをとり続けるための対応なのです。だから許される雰囲気を作るのでしょう。

### 上司との距離感を縮める秘訣

男性の場合、仕事のことは話題にしても、上司の個人的なことをいろいろ聞き出すことはあまりありません。一方、女性は、**上司の趣味や家族のことを聞き出すのが非常に上手**です。仕事以外の話題をもてば、上司との親密度も高ま

＊**迎合行動**　相手の好意を得るための行動。相手の意見に合わせる、お世辞を言う、ゴマをするなども迎合行動のひとつ。

ります。

また、上司の服装や持ち物など、**細かいところに目がいくのも女性ならではの特徴**です。女性はその特徴を生かし「いつもおしゃれなネクタイですね」「付けているアクセサリーがステキですね」など、いわゆる「ヨイショ」を嫌味なくできてしまいます。この言動は心理学でいう**「迎合行動」**[*]のひとつですが、これも立派な社会的コミュニケーションの手段です。

このように、上司と仲よくなりやすい理由は、女性が多彩なコミュニケーション能力をもっているからだと考えられます。

---

女と男の違い

## 上司との関係

上司と気さくに接するのは圧倒的に女性が多いですが、これは、礼儀を重んじていないわけではなく、女性特有の処世術なのです。

### 女性

**積極的にコミュニケーションをとる**

女性は男性に比べ競争心が弱く、協調性質をもつ。人と接するときは、まずはコミュニケーションを図り仲よくしようとする。

### 男性

**上下関係を重んじる**

男性は男性ホルモンの影響で、競争心が強く上に立ちたがる傾向がある。そのため、「上」と「下」という関係に強くこだわる。

## 7

# 結果よりもプロセスを大事にする

### 右脳と左脳の連結の性差が男女の温度差を生む

## 左右両方の脳を使う女

男女の会話で、女性が懸命に説明している途中で、男性が「要するに」「つまりは」など、会話の内容をまとめようとする状況がしばしば見られます。これは、女性が話し下手ということではありません。男女の性差の違いによるものだと考えられます。

男性は、右脳と左脳をつなぐ＊脳梁《のうりょう》が細く、考えるときは右脳、話すときは左脳と別々に脳が働くため、**話のプロセスより必要なことだけを簡潔に聞きたい、話したい**と考えます。一方、女性は男性に比べて脳梁が太く、右脳と左脳の連結がよいため、左右の脳を使って会話する傾向にあります。そのため、**感情をもとに話題が広がりつつ、プロセスを話していくうちに脳内で結論をまとめていく**のです。他愛もない世間話を長々とおしゃべりできる女性と、結論のない話を聞くうちにイライラする男性。よく見られる男女の会話の温度差はこうして生じるのです。

## 結論の前にまずプロセス

そうした男女の心理の違いは、ビジネスの場でも当てはまります。ビジネス用語で「報告・連絡・相談」を略して「ホウレンソウ」という言葉がありますが、これらは結論優先で、内容を理論立てて簡潔にまとめて結論に導くことが常識とされています。ところが、女性は**結論を納得してもらうためには、まずプロセスを把握してもらうことが重要**と考えるのです。そして左

＊**脳梁**　右脳と左脳をつなぐ大きな神経のひとつ。損傷すると正確な判断ができなくなる。左右の脳の連結がよいと、脳全体を使った能力を発揮できると考えられている。

右両方の脳を使って話すため、結論以外の話も会話の中に入ってきます。報告する相手が男性の場合、そうした女性特有である表現の組み立て方につき合いきれず、話の腰を折って「で、結論は？」といった、女性にとっては不本意なやりとりが生じてしまうのです。

また、結論を重要視する男性は、行動を起こしたときは当然結果を求めるので、結果を褒められることが一番うれしいのです。一方、女性は**プロセスを重要視しているので、結果はもちろんですが、プロセスを褒められることのほうが喜び**と感じる人が多いのです。

女と男の違い

## プロセスと結果、大切なのは？

結果が成功で終わることは男女関係なくうれしいものですが、プロセスに問題があった場合、女性と男性では捉え方が違うようです。

**女性**

**結果はもちろん、プロセスも重要**

あの方法は
見直さないと
いけないけど、
まぁうまくいった
からよかったよ！
そうか……。
あの対応はダメ
だったんだ……

女性にとっては結果を導いたプロセスを評価されることも重要。

**男性**

**結果よければすべてよし**

あの方法は
見直さないと
いけないけど、
まぁうまくいった
からよかったよ！
うまくいって
よかったぁ〜

男性は、数字や結果として残らないプロセスに関しては興味がない。

# 8 女の上司は密なコミュニケーションを求める

## 細やかなコミュニケーションが女の上司とうまくいくコツ

### こまめな接触と自己開示が必要

相手が女性上司の場合は、男性上司より「密なコミュニケーション」が必要だと考えられます。「密なコミュニケーション」とは、社会人として必要不可欠な「ホウレンソウ」、つまり報告・連絡・相談をよりこまめに行うことです。女性は結果以上にプロセスを重要視する傾向にありますので（▶P164）、当然、進行中の仕事の進捗状況が気になります。大勢には影響がなさそうだと思う内容でも逐一コミュニケーションを図ることで女性上司は安心するのです。また、仕事の悩みや個人的な悩みなどを相談することも女性上司との円滑な関係を維持する良策だといえます。これは、**自己開示**（▶P218）が得意な女性は、自然と行っている人も多いかもしれません。

女性にとって**「会話」は大切なコミュニケーションツール**です。男性上司はもちろんですが、女性上司にはより細やかな会話でのコミュニケーションが必要となるのです。

### 内面を知るほど好感をもつ

また、女性は他人の表情や身振りなどの**非言語コミュニケーション**（▶P126）を読みとる能力が発達しているので、部下の様子や好不調などを見逃しません。このときに、部下とのコミュニケーションが希薄だと、女性上司は部下のことが心配になりつつ、寂しさを感じます。アメリカの心理学者、ザイアンスの**「熟知性の**＊

＊**熟知性の法則**　ある特定の人物の内面を知ることで、次第にその人物に対して好感を抱くようになる効果のこと。

**法則」**では、人は相手の内面を知れば知るほど、その人に好感をもつと説いています。知っている人にはよりやさしく接するようになり、知らない人には冷淡で攻撃的になりやすいというのです。つまり、コミュニケーションを図ろうとしない部下よりも、コミュニケーションを積極的に図ろうとする部下には、意図的でないにしても上司も肩入れしたくなるというわけです。ただし、必要以上になれなれしくしすぎるのは問題です。上司とは、**パーソナルスペース**（▼P64）の社会的ゾーンにいる関係であることも忘れてはいけません。

## 好感が生まれるコミュニケーション

人が心を開くためには、まめに接することや自己開示をすることが必要だと考えられます。つまり、密なコミュニケーションがカギなのです。

### 単純接触の原理

何度も顔を合わせたり、姿を見るうちに好意を抱いていくという原理。繰り返し流れるCMの商品が気になるというのもこの原理。

### 熟知性の法則

性格や考え方など、相手のことを知るにつれて、好意を抱くという法則。「単純接触の原理」と同様、アメリカの心理学者、ザイアンスが提唱。

### 開放性の法則

仕事などのパブリックな面だけではなく、プライベートな面を知ることで相手に親しみがわく。内面に触れることで親近感が生まれる。

## 9 女の部下は常にメンテナンスが必要

### 手のかからない部下でも放っておくと不満が出る

### ステップごとの確認が必要

男性に何かを教えるときは、あまり口出しをしないほうがよいとされています。男性は、左脳と右脳の連結がよい女性に比べ、考えて納得するまでに時間が必要で、自ら悩んだり、失敗したりすることにより、教訓を得て次に進むという性質だからです。

一方、女性は教えたまま、その後は任せるというやり方では不満が出てきやすくなります。女性は右脳と左脳の連結がよいため、**左右両方の脳を使って細かいことに気づき、連動して感情もわき起こりやすい**からです。

たとえば、女性は作業を器用にこなすことはできても、作業中は「この作業が正しくできているか」という自信がもてない傾向にあります。そのため「ここまでやったことの正否」や「次の作業の正しいやり方」が気になってきます。

こうした不安を解消するために、女性にはひとつひとつステップごとに確認をしながら教えていくほうがよいと考えられます。また、助言や褒め言葉など、熱心に声をかけると**「ピグマリオン効果」**＊にもつながり、部下の女性は、自分の力を最大限発揮するので、いい成果が得られる可能性が高くなるのです。

### 優秀な部下でも放っておかない

手のかからない部下に対し、問題ないだろうと思って放っておいてしまうのはよくあることです。しかし、その部下が女性の場合、声をか

＊**ピグマリオン効果**　人は期待されるほど意欲が引き出されて、その期待に応えようとして成果を出すこと。アメリカの心理学者、ローゼンタールの実験で実証された。

けずにいると、部下は「私はどうでもいいんだ」「一回声をかけられただけでそのあとは無視された」と思ってしまうことが多く見られます。上司としては、安心して任せられるから声をかけないのですが、部下としては、声をかけられないことで放っておかれていると感じてしまうのです。

　いくら仕事ができる部下に対してでも、**女性にはマメに話しかけるなどのコミュニケーションを図ることが大切**です。女性は、同調してもらったり、意見を聞いてもらったりするだけで安心するのです。

### 女と男の違い

## 女の部下、男の部下への対応の仕方

上司は、部下に対し平等な対応をするべきですが、男女の特性を把握したうえでの対応が必要となります。

**女性**

女性は、さまざまなことに気づくため、上司が自分を気にかけてない状態をすぐに察知し不安になる。こまめに声をかけることで、その不安を解消してあげる。

**男性**

答えを導き出す過程のなかで、上司からこまめに声をかけられると「自分を信用していないのでは」と思ってしまう。静かに見守ることが大切。

10

# 後輩に意地悪をするお局さま

## 自分の尺度にこだわり、人の悪いところしか目に入らなくなる

### 困ったお局さまの特徴

あなたの職場にお局さまと呼ばれる女性社員がいませんか？　勤続年数が長く、会社のことや仕事のことも熟知しているので、わからないことを教えてもらったり、困ったときにはアドバイスをしてくれたりと、ときには上司以上に頼りになる存在です。ただ、同僚や後輩の女性に対して、自らの力を誇示して意地悪をし、困らせるお局さまも少なくありません。

同僚や後輩の女性に対し、ファッションやメイクを「派手すぎる」、言葉使いを「男性社員に媚びている」、書類を作れば自分のやり方と違うことに腹を立てる、などなど……。困ったお局さまの言動を見ると、細かいことをとり上げたり、嫌味や陰口などをネチネチ言い続けたり、困惑する相手の反応を見て内心喜んでいるように見えます。

### 女の嫉妬は感情に結びつきやすい

このような意地悪の根底には、**会社内での自分の立場に対する不満**があります。その不満は同僚の若さ、美しさ、性格などに対する嫉妬心につながります。女性の嫉妬は男性に比べて感情に結びつきやすいと考えられています。嫉妬の対象となった女性が、さらに「イヤな女」と認識されると、**「確証バイアス」***が働いて、その人が問題のない人でも悪いところしか目に入らなくなるのです。しかも、相手がビクビクした態度や苦手な表情をすると「自分がイヤだと

＊**確証バイアス**　自分が抱いた先入観や信念を肯定するため、自分に都合のよい情報だけを集め、否定的な情報は黙殺したり、軽視したりする心理。

思った人間は、やっぱり自分に対してイヤな態度をとる」と、自分の先入観を肯定することになり、さらに意地悪が繰り返されます。

また、「記憶を美化する」ことも考えられます。人間の脳は**自分に都合の悪い記憶は意識的に抑制がかかり、環境や時代は変わっているのに、自分ががんばっていたよい記憶は思い出しやすくなる傾向**にあります。そのため「私の若い頃はもっとしっかりしていた」と、若い後輩のマイナス面ばかりが目についてしまうのです。

そして、自分の若い頃を美化することで、ますます確証バイアスが働いてしまうのです。

## 確証バイアスの例

偏見はよくないことだと思っていても、人はつい先入観や感情で他人を判断してしまうことがあります。

**グループの中にひとり派手なタイプの子がいる**

**あるとき、その派手なタイプの子が仕事でミスをしてしまう**

**「やはり身なりが派手なタイプは仕事に集中していない」と決めつける**

### 確証バイアスが働く

自分が考えている仮説が間違いないかどうか確かめる際に、自分がもっている先入観に合う出来事や情報だけを集め、自分の仮説は間違っていないと都合のいいように思い込む。

# 11 女が嫌いな上司のタイプ

## 「仕事や組織」についていく男、「人」についていく女

### 上司との関係はとても重要

女性と男性では、仕事の仕方や価値観が大きく異なり、それゆえにコミュニケーションがうまくいかないケースも少なくありません。**男性は仕事や組織についていきますが、女性は人についていきます**。だからこそ、女性にとって上司との関係は大きな問題なのです。

### 「言わなくてもわかる」は男のエゴ

女性が嫌いな上司のタイプはさまざまです。自己保身ばかりの無責任タイプ、優柔不断でリーダシップがないタイプ、公平性がないタイプなどなど……。

「人は相手との公平さを維持、確保しようとする」とイギリスの経済学者、アダムスは提唱しています。この説を**「公平理論」***といいます。自分と同僚を比較した場合、自分のほうが優遇されていると思えば意欲的に仕事をして、不遇と感じたら手を抜いてしまうというものです。

とくに、コミュニケーションが少ない男性上司と女性部下の間で誤解が生じ、すれ違いを生み出してしまうのがこの「公平性」に関してです。上司がどんなに公平にしても、言葉が少ないと誤解を生み、女性部下に不公平だと思われてしまうことが多々あります。

女性はコミュニケーションを大切にします。**「言わなくてもわかるだろう」という男性と「きちんと言うべき」という女性とは大きな意識のずれ**があるのです。女性にとって、「言葉にする

＊**公平理論**　人は自分の仕事に対して正当な評価、報酬が得られない場合、不均衡の状態をつり合いがとれるように公平に近づこうと行動をとること。

こと」は難しいことではないので、言葉が足りない上司にイライラするのです。ただ、そのコミュニケーションは、難しいことを欲してるわけではありません。ちょっとした感謝や気遣いの言葉、状況確認の言葉をかけてほしいだけ。つまり仕事の流れのなかで自分が気にかけてもらっていることを確認したいのです。

一方、女性にとって女性上司は男性上司よりコミュニケーションをとりやすいですが、女性の部下には同性だけに嫉妬心をもつ人もいます。服装や男性への態度など、女性部下に対しては評価が厳しくなる傾向があります。

## 嫌われる上司のタイプ

上司が尊敬できない、上司に悩まされているという人は多いかもしれません。嫌われやすい上司とはどのようなタイプなのでしょう。

### 責任をとろうとしない

上司の決裁を取りたくても、責任をとりたくないため、部下に判断を押しつけようとする。

### 口ばかりで仕事をしない

仕事に関する過去の自慢話や部下へのダメ出しばかりをするだけで、自分は動こうとしない。

### 話を聞かず理不尽に怒る

状況を把握しようとせずに怒る。また、自分にも非があることを棚に上げて部下を叱る。

### 上の人にごますりばかりをする

自己保身のために、上の人の顔色ばかりをうかがう。人を蹴落としてまで自己評価を上げたがる。

## 12 女が嫌いな部下のタイプ

### 良好なコミュニケーションがとれない部下はかわいくない

### 自己開示しない部下はイヤ

　上司にとって仕事ができる優秀な部下は、とても大事な存在です。ただ、仕事ができる部下だからといって必ずしも好きとは限りません。上司だって人間ですから、能力に関係なく好き嫌いはあります。

　では、女性上司は、どんな部下が嫌いなのでしょうか。

　まず、女性は**母性本能から「育てていく」ことに意欲的**です。そのため、部下が失敗しても「がんばろう」という姿勢を見せてくれれば、その心意気を感じて同じ失敗を繰り返さないように指導を厚くします。ところが「手助け不要」という態度をとる部下は、たとえ仕事ができても苦手な存在となります。

　これは部下が自分に**「自己開示」**（▼P218）しているかどうかにも関係しています。部下が素直に自分の考えや不安を表してくれることで、育てようという意欲がわいてきます。つまり、良好なコミュニケーションがとれていれば、人間関係をこじらせる要素が改善されやすくなるのです。

### 対人関係による無意識の心理

　先入観や偏見は部下側にもあります。たとえば男性の部下が、上司が女性だと思って遠慮したり、イヤな態度をとったりすると、上司はその真意に敏感に反応し、良好なコミュニケーションがとりづらくなります。これは**「嫌悪《けんお》の返報《へんぽう》**

＊**返報性の原理**　他人から受けた行為に対し、それに見合った、似たようなお返しをしなければならないという感情を抱く心理。

性《せい》」といい、**「返報性の原理」***のひとつです。相手が自分に対し嫌悪の態度をとると、自分も相手に対し嫌悪の態度をとってしまう、負の心理的行動です。

また、大きな原因が明確になくとも「何か気にいらない」と思われてしまう部下もいます。

---

それには、**「投影」**という心理が働いていると考えられます。これは、**防衛機制**（▶P116）のひとつですが、上司が無意識で認めたくないと思っている自分の欠点と同じ欠点をもっている部下を見ると、部下のその欠点が非常に気になり、嫌悪感を抱くというものです。

## 人を嫌う心理とは

「大きな理由はないけれど、なぜかあの人が気に入らない……」。それはその人を通して自分の内面を見ているからかもしれません。

↓

**なぜか好きになれない人がいる**

↓

### 投影の心理

相手の悪い面は、自分の中にある悪い面と同じであり、その自分の悪い面を認めたくないために、より一層相手の悪い面が強調され嫌いになってしまう心理。

# 13 グループを作りたがる女

## 帰属欲求と同調性が強固な仲間意識を作る

### バランス理論が集団を強くする

職場や学校でグループを作りたがるのは、女性に多いと感じることはありませんか？　女性が集団行動を好むのはなぜなのでしょう。

女性は集団への**「帰属欲求」**＊が強く、集団や組織に受け入れられることで心理的な安定を得ようとしています。「仲間はずれになりたくない」と集団に溶け込むことで、個人としての主体性は失っていきますが、集団の中で認められているという安心感からますます周囲に同調していき、集団的行動につながっていくのです。

一方で、「仲間はずれになりたくない」ではなく、「あの先輩やグループが好きだから」という心理で集団に加わるケースもあります。この場合、力で支配する派閥より団結が強まります。その根幹には**「バランス理論」**が強く影響していると考えられています。アメリカの心理学者、ハイダーが唱えた理論で、対人関係において、考え方や好悪の感情が矛盾している場合、対人評価や対象評価を変化させ、バランスを保つというものです。身近な例をあげると**「好きな人の好きなものは好きになりやすく、好きな人の嫌いなものは嫌いになりやすい」**ということです。この心理が繰り返し働くことによって、好意や意見が統一され、堅い団結が生まれてくるのです。

### 女のグループは形を変える

女性のグループの特徴は、**一見、仲がよさそ**

＊**帰属欲求**　マズローの欲求5段階説（▶▶P161）の「社会的欲求」にあたる。集団や仲間など他人から愛されたいという欲求のこと。

**うでも内情は異なることも多く、さまざまな形に変化する**といった点です。

女性の場合、同じグループでもその場にいない女性の陰口で盛り上がったり、グループの中の一部で秘密が作られるなど、強固に団結しているように見えるなかでも複雑な人間関係が形成されています。職場での女性のグループは、男性のように、「仕事に対する考えが同じ」「会社での目標が同じ」といった仕事軸の仲間ではなく、**「気が合う仲よし」といった個人軸のグループであるケースが多い**ため、感情によってさまざまな形に変化すると考えられます。

## バランス理論の例

アメリカの心理学者、ハイダーは、人は相手に対する考え方や感情のバランスを常に保とうとすると説いています。

**友達の友達はいい人**

自分の友達が友達になる人は、自分も好きになるという心理。

**嫌いな人の持っているものにも嫌悪感**

「坊主憎けりゃ袈裟まで憎い」の心理。嫌いな人の周辺のものも嫌なものに感じる。

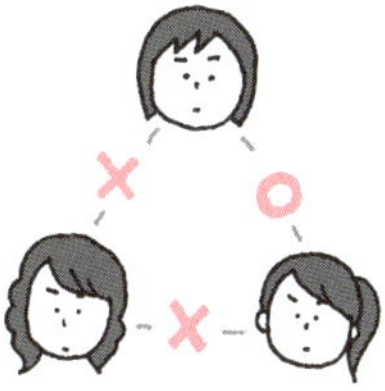

**敵の敵は味方**

嫌いな敵に相反するものは、自分もそうであることから、同じような価値観をもっていると思う。

**好きな芸能人が宣伝しているものを買う**

自分の好きな人が「いい」と言っているものは、自分にとってもいいものだと思う心理。

# 14 セクハラと女

## 女と男では「セクハラ」に対する認識が違う

### 心の病気を引き起こす可能性も

セクシュアルハラスメント（セクハラ）は、現代の社会が抱える大きな問題です。

2012年に厚生労働省から発表された男女雇用機会均等法関係の「労働者からの相談内容の内訳」によると、相談内容で圧倒的に多いのが「セクシュアルハラスメント」。そのうち女性労働者からの相談が5838件（男性労働者からは549件）と男性を大きく上回っています。

セクハラがなくならない原因のひとつに男性と女性の認識の違いが考えられます。男性は、主に直接的な性的行為や発言をセクハラと考えています。一方、女性は、**性的行為はもちろん、下ネタや「女のくせに」などの女性差別や蔑視を匂わす発言もセクハラと認識**しているのです。女性は、いきすぎた下ネタには不快感を覚えますし（▼P40）、女性の社会進出が当たり前となった現代に「女のくせに」「女だから」といった、男尊女卑を思わせる発言には、差別を感じ、女性を卑下するようなことを言う人がいる職場では働きづらいと思うのです。

セクハラを受けた女性の心理はさまざまです。不快感を覚えるのは当然ですが、その後に受け流す人もいれば、許せずにストレスを抱える人もおり、なかにはうつや**PTSD**＊に悩む人もいます。問題解決は簡単ではありませんが、まずはひとりで抱え込まず、周囲の信頼できる人に相談し、問題意識を共有することが解決に向けた大切な一歩と考えられます。

＊**PTSD**　「心的外傷後ストレス障害」と呼ばれる。強烈な出来事や他人の発言によって心に傷が残り、ストレス障害を引き起こして、社会生活にも影響を及ぼす心理状態のこと。

# セクハラの種類

社会問題のひとつであるセクハラ（セクシュアルハラスメント）。職場で起こるセクハラにはふたつのタイプがあります。

## 対価型セクハラ

セクハラを受けた側が、セクハラを拒否したり抵抗をしたことにより、解雇や降格、不本意な移動などを受けるケース。

たとえば

1 上司に性的な発言をされ、抗議したところ、降格させられた。

2 顧客からデートを執拗に迫られ拒否したところ、契約を打ち切られた。

3 同僚が体に触ってくるため注意したらウソのうわさを言いふらされ、部署移動となった。

## 環境型セクハラ

セクハラを受けることで、職場環境が不快なものとなり、働く意欲や働くこと自体に支障が生じるケース。

たとえば

1 上司が個室に呼び出し体に触ってくるため、会社に行きたくない。

2 社内に性的なポスターなどが貼られているため、目にするのが苦痛。

3 同僚が取引先に自分の性的なうわさを流したため、その取引先と仕事がしづらい。

COLUMN 4

# 実は女のほうが……意外な女の特徴

運動神経がいい、数字に強いなど、女性よりも男性のほうが優れているというイメージはありませんか? 実はそうとは限らないようです。

CHARACTER 1

## ストーカーになりやすいのは 実は女のほう?

### 可能性は女のほうが高い!?

警視庁の発表によると、ストーカー行為者の約8割は男性であるという結果が出ています。しかし、ストーカーになりやすいタイプを見ると、女性もその傾向が強いことが見えてきます。

ストーカーの心理には、いくつかの傾向があります。そのなかでも深刻な状況を作り出してしまう可能性が高いタイプが**「境界性パーソナリティ障害」**です。人格が未熟で、相手の立場になって物事を考えることができないタイプで、これは女性に多く見られる障害です。つまり、女性もストーカーになりやすい可能性があると考えられます。

**境界性パーソナリティ障害の特徴**

**行動が衝動的**

感情をコントロールできず、複数の異性と関係をもったり、過食や自傷行為なども。

**アイデンティティが確立されていない**

自分がどういう人間かがわからず、自己イメージが相手次第で変わる。

**両極端な思考**

好意を示していたかと思うと、急に相手を攻撃するなど、思考が極端にぶれる。

CHARACTER 2

# 運動神経がいいのは実は女のほう？

## 運動神経と運動能力

「女性より男性のほうが運動神経がいい」というイメージは多くの人がもっているものでしょう。しかし、実は「運動神経がいい」のは女性のほうと考えられるのです。

「運動神経がいい」とは、**脳で描く動作イメージを筋肉にスムーズに伝えることに優れている**ということです。「イスに座る」などの動作は、脳が命令して、腕や足などの運動野から筋肉に伝わり体が動くという仕組みです。女性は**右脳と左脳の連結がいいため、四肢を動かす、細かい作業を行うなどの行動をよりスムーズに行うことができる**のです。

男性が得意なのは「運動能力」です。物を遠くに投げるなどの能力のことで、これは右脳の働きが関係しています。つまり、細かい動作を行う「運動神経」がいいのは女性、体全体を使う動作を行う「運動能力」が高いのは男性というわけです。

### 運動神経と運動能力の違い

**運動神経**

自分のイメージする通りに体を動かす神経のこと。女性は右脳と左脳の連結がいいため、細かい作業などをスムーズに行うことができる。

**運動能力**

速く走る、物を遠くに投げるなどの能力。男性は、空間認識能力（▶▶P238）や運動能力を司る右脳が左脳より大きい。そのため、運動能力が高い傾向にある。

CHARACTER 3

# 数字に強いのは実は女のほう？

## 数字は左脳が司る

「男性は数字に強く、女性は弱い」というイメージをもつ人が多いのではないでしょうか。

一般的に、男性は「右脳派」、女性は「左脳派」が多いといわれています。言語や分析、数字などの論理的な思考を司るのは左脳ですが、このことからいえば、**「左脳派」といわれる女性は、数字に強い**はずです。しかし、なぜ男性のほうが数字に強いというイメージがあるのでしょう。

数学者には男性が多いですが、男性は「シングルタスク」（▶P158）傾向にあり、そのことが集中力にもつながっています。興味を追求する傾向が強いため、専門家も多いのかもしれません。

また、「苦手意識」も影響しています。「数字」と聞いただけで拒否反応が出てしまうケースです。女性は、本当は数字に強いのに、苦手意識から「数字に弱い」と思い込んでいるのかもしれません。

### 右脳派と左脳派

**左脳派の特徴**

- 言語能力が高い
- 物事を推理する能力が高い
- 計算能力が高い
- 論理的思考

女性に多いといわれる

**右脳派の特徴**

- 絵を描く能力が高い
- 図形などを読みとる能力が高い
- 空間認識能力が高い
- 直感力がある

男性に多いといわれる

CHARACTER 4

# 味覚が優れているのは実は女のほう？

## 味覚が敏感なのは女

有名シェフというと、男性を思い浮かべる人が多いのではないでしょうか。実際、日本だけではなく、世界に目を向けてみても、有名シェフや3つ星シェフには男性が多いと感じます。「料理は女がするもの」という家庭における通念はありますが、女性は職業にするほどグルメな舌をもっていないということなのでしょうか。

しかし、「味覚」は女性のほうが敏感であることがわかっています。**味覚は単独で知覚することが少なく、ほかの感覚と共存して感じることが多い**のですが、とくに**味覚と深い関係にあるのが嗅覚で、女性は嗅覚が男性より発達している**ため、五感の相乗効果で味覚も鋭いと考えられるのです。

有名シェフに男性が多いのは、創造性豊かな右脳派が多く、片方の脳を集中的に駆使する職人脳のもち主だからかもしれません。

### 女の五感の鋭さ

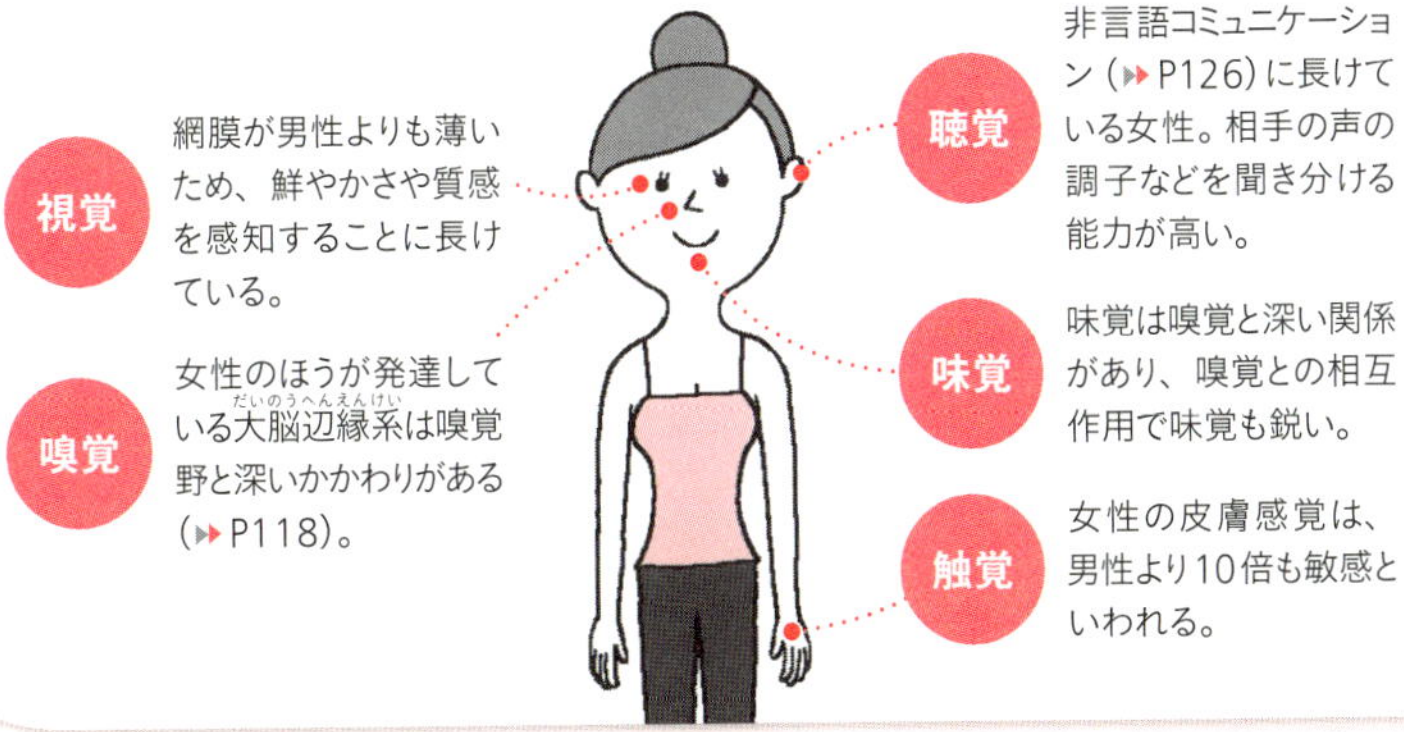
視覚
網膜が男性よりも薄いため、鮮やかさや質感を感知することに長けている。
嗅覚
女性のほうが発達している大脳辺縁系《だいのうへんえんけい》は嗅覚野と深いかかわりがある（▶P118）。
聴覚
非言語コミュニケーション（▶P126）に長けている女性。相手の声の調子などを聞き分ける能力が高い。
味覚
味覚は嗅覚と深い関係があり、嗅覚との相互作用で味覚も鋭い。
触覚
女性の皮膚感覚は、男性より10倍も敏感といわれる。

CHARACTER 5

# 肉食系なのは実は女のほう？

## 女が強くなった!?

すっかり定着した**「草食系」「肉食系」**という言葉。当初は、男性に対して用いられることが多い言葉でした。ところが今や**「肉食系女子」**と女性にも多く用いられるようになりました。

「肉食系女子」とは、恋愛や関心事に積極的な女性のことで、**欲望を前面に押し出しているタイプ**を指しています。かつての女性像は「おとなしい」「奥ゆかしい」というイメージでしたが、現代の女性像は変わりつつあるようです。なぜそのような「肉食系女子」が増えたと感じるのでしょうか。

大きな理由のひとつは、**女性の社会進出**でしょう。男性と同様に働き、同様に地位や立場を獲得しています。男性が楽しんでいることを女性も楽しみだしたということです。そして、**男性の草食化**が目立ち始めたことも、女性の肉食化がより増加したと思わせる要因だと考えられます。

### 肉食系女子が増えた理由

**美容ツールの増加**

エステをはじめとする美容ツールが増え、女性が自信をさらに深めることが可能な環境になった。

**男性の草食化の増加**

男性が女性らしくなることで、もともと肉食化傾向のあった女性の存在が顕著に見られるようになった。

**女性の社会進出**

女性も男性と同等の立場や状況に置かれることで、自信をもち、積極性を発揮するようになった。

# 第5章

# 心理学で読み解く女の一生

## 1 きょうだい構成でわかる女の心理

### きょうだいで何番目に生まれたかが、性格の違いを決める

### 親の接し方で性格が決まる

同じ環境で育っても、きょうだいの性格が大きく違うことはよくあります。生まれつきの面もありますが、基本的には**親の接し方の違い**が原因と考えられます。

長子《ちょうし》には親は熱心にかかわり、学業などに高い水準を期待します。子どももそれに応えようとするので、その結果、長子は**達成動機**＊**の強い性格**になる傾向にあります。また、長子は下にきょうだいが生まれ「おねえちゃんだから……」という役割を与え続けられるため、**責任感があり周囲に気をつかう性格**になるといわれます。

同時に、長子は自分が生まれたとき、周りが大人ばかりのことが多いため、大人より能力が劣っていることから**自尊感情**＊**が弱い性格**になる場合もあります。このことから、**不安傾向があるのも長子の特徴**です。アメリカの心理学者、シャクターが行った実験で、被験者に「これから電気ショックを与える」と脅かし、実験前にひとりで待っているか、誰かといるかを選ばせたところ、長子やひとりっ子の被験者は、誰かと一緒に待つことを好みました。これは人の**親和欲求**（▶P47）を調べた実験ですが、長子の親和欲求が強いのは不安傾向によるものとされています。とくに、女性は親和欲求が強いため、長子の女性はその傾向が強いようです。

### 末っ子は女の魅力を誇示したがる?

一方、次女や三女として生まれた場合は、長

＊**達成動機**　高い目標に対し、成し遂げるため努力しようとする動機。自己の力を最大限にまで発揮し、達成しようとする強い意欲。

子を相手に競争しなくてはならないので、**競争心が強く、要領のいい性格になる傾向**にあります。また、長子に比べて、**自尊感情が強くなることが多い**ようです。

ドイツの心理学者、トーマンは、300以上の家族に臨床的研究を行い、きょうだいのさまざまな性格特性を調べました。たとえば、女きょうだいの**末っ子の女性は、男性に自分の魅力を誇示したがると同時に、男性を支配しようとする傾向**にあります。また、ひとりっ子の女性は、**長女の性格をもつ場合と、わがままで依存的な性格をもつ場合がある**としています。

## 出生順位による特性

ドイツの心理学者、トーマンは、家族内の人間関係を研究し、出生順位と性格をパターン化しました。

### 姉妹の長女

気をつかうタイプで、責任と権力に対し関心がある。信じたことには献身的。

### 姉妹の末子

奔放で衝動的なところがある。気まぐれで注目されることを好む。

### 弟のいる長女

独立心があり、頑固だがしっかりしている。簡単にくじけることなく楽観的。

### 兄のいる女の末子

女性的で親しみやすいタイプ。夫や恋人が大事で、女友達は少ない。

### 女のひとりっ子

長女の性格か、わがままで、親に頼る傾向。友人、異性関係でも依存的な面がある。

＊**自尊感情**　一般的な言葉でいう自尊心とほぼ同じ。自信にあふれる人は自尊感情が強く、自信がない人は自尊感情が弱いといえる。

# 2 母と娘の複雑な関係

## 母親のアイデンティティが娘のアイデンティティに影響する

### 母親は娘にとって「女」の手本

女の子がままごと遊びをしているのを見ていると、母親の言動をまねている場面をよく見ます。娘にとって、母親は女性としての**アイデンティティ**（▶P90）を確立するための身近な手本、つまり**「モデリング」**＊の対象といえます。

そのため、母親がどのようなアイデンティティをもっているかは、娘のアイデンティティの確立に大きな影響を与えます。もし、母親が「自分は弱い人間だ」というアイデンティティをもっていると、娘も自分に自信がもてず、情緒や行動が不安定になってしまうことがあります。母親が娘に対し、どう接するか、どのような育て方をするかだけではなく、**母親自身のアイデンティティ自体も影響する**ということです。

それとは逆に、娘が母親と同じような女性にならないケースもあります。母親を反面教師のように捉え、たとえば、だらしのない母親の生活を見て育った娘が几帳面な性格になったり、潔癖性の母親に嫌気がさし、いい加減な性格になったりすることもあります。ただし、そのような場合でも、あるとき、母親の嫌いだった部分を自分も受け継いでいることを発見してショックを受けることがあります。どちらの場合でも、母親の娘への心理的な影響は、非常に大きなものがあると考えられます。

### 「母」としての見本でもある

また、自分の母親が母親として目指すべきモ

＊**モデリング**　何かしらの対象を自分の見本として、そのものの動作や行動を見て同じように振る舞うこと。子どもは親に対するモデリングにより成長するといわれる。

デルとしてふさわしくない場合、娘はどんな母親になったらいいか、わからなくなる可能性があります。そのため、自分が親になったとき、母親としてのアイデンティティをもてなくなってしまい、**母親のアイデンティティ確立は、娘やまたその娘にまで影響**していくのです。

なお、母娘は仲がよいに越したことはありませんが、近すぎるのも問題です。母親が娘に進路や進学、果ては服装までを自分の思うままに強制したり、過保護すぎれば子どもが自立できなくなり、**「共依存」**（▶P214）の関係になる恐れがあるからです。

## 母親と娘の関係

母親が娘を愛していることは間違いありませんが、その愛情が、歪んだ形で表れてしまうこともあります。

### すべてを決めてしまう母親

自分の成功欲を満たしたいためで、娘は自分に自信がもてず、大人になっても母親の判断なしには、物事を決められない。

### 過保護な母親

「心配だから」と子どもを自立させようとせず、寂しさから自立を阻止している。娘は、依存体質になってしまう。

### 立場が逆転する母娘

アルコール中毒症などで、母親としての役割を果たさず、娘に面倒を見てもらうケース。見捨てられない娘が重責を背負う。

### 一卵性母娘

「仲のよい母娘」を表す言葉だが、母親と娘が共依存関係である場合にも使われる。お互いの利益のために寄り添う。

# 3 ファザコンの女

## 父親の愛情が得られなかった女は異性関係に問題が起こりやすい

### 父親への特別な愛着をもち続ける女

心理学では3～5歳を男根期といいますが、この頃になると男の子は母親に特別な愛着をもつと同時に、父親にライバル心をもつようになります。これを、オーストリアの心理学者、フロイトは**「エディプス・コンプレックス」**と名付けました。

一方、女の子は父親に同じような愛着を感じ、母親にライバル心をもちます。このような女の子にとってのエディプス・コンプレックスを、スイスの心理学者、ユングは**「エレクトラ・コンプレックス」***と呼びました。通常、母親へのライバル心は成長とともに消え、父親への特別な愛着も薄れてエレクトラ・コンプレックスは解消されますが、父親への愛着や執着が大人になっても消えない女性もいます。これが、**ファーザー・コンプレックス（ファザコン）**です。

### 幼少時の「父親からの愛情」が原因に

どのような女性がファザコンになることが多いかというと、父親の愛情を求めていた時期に、適度な愛情を与えられなかった女性です。

女性は、幼少時に異性である父親からも適度な愛情をもらう必要があります。それが過大だったり叶わなかった場合、そのことがコンプレックスになります。とくに叶わなかった場合は、**自分に自信がなくなり、自己を受容できなくなる**のです。自己を受容できない女性は、こんな自分は他人から愛されないと思い、他人も受

***エレクトラ・コンプレックス**　女児が母親に嫉妬して父親に愛情を抱く心理傾向。ギリシャ悲劇に登場するエレクトラが、父親を殺害した母親を弟とともに殺害した話に由来。

容できない傾向にあります。このタイプのファザコンの女性は、**父親の愛情を得られなかったこと、自己を受容できないこと、他人を受容できないこと**をコンプレックスとして抱えているといえます。そして、このコンプレックスを解消するために、次々と交際相手を替えるなど、誰かに受け入れてほしくて奔放な行動に走ってしまうこともあるのです。

また、愛情が過大だった場合、同年代の男性が力不足に思え、**年長者や愛情深いタイプの男性に惹かれることが多くなります。**このため、不倫に発展するケースも少なくないのです。

## 娘と父の関係がもたらす問題

父親は娘の成長や人生形成にどのような影響を与えるのでしょうか。ここでは、娘の恋愛に影響する問題を紹介します。

### 家庭内ストックホルム症候群

**ダメ男に惹かれる**

父親のダメな部分を軽蔑していても、幼児期に抱いた父親への思いから同情心がわき、父親に似たような人に惹かれてしまう。

### 思い残し症候群

**奔放な行動に走ってしまう**

子どもの頃、父親から十分な愛情を得られなかった場合、その寂しさと飢餓感の解消を大人になっても過剰に男性に求め続ける。

## 4

# マリッジブルーはどうして起きる？

### 結婚話が進むにつれて不安になってしまう

### 相手への愛情に不安を感じる

　甘い恋愛時代を経て男性からプロポーズされ、有頂天になっていたのに、結婚の準備が進むにつれて「これでいいのだろうか」と悩む女性がいます。これが**「マリッジブルー」***です。幸せを感じているはずなのに、なぜ話が具体化すると不安になってしまうのでしょう。

　愛している相手との結婚に対し不安を抱いてしまう原因は、おもにふたつあります。ひとつは、**幸せな状態に慣れてしまった**ということです。人は環境に適応して慣れる性質があり、幸福感にも慣れてしまうのです。そして「結婚」という人生の岐路に立たされると、改めて「幸せになれるのだろうか」と思ってしまうのです。

　もうひとつは、ホルモンの変化です。つき合い始めの頃は、相手への興味や関心が強く、脳内に**「ドーパミン」**というホルモンが大量に発生します。ドーパミンは、興味や関心があるものを見ると、胸を高鳴らせたり緊張させる作用があるので、**「恋愛ホルモン」**ともいわれています。しかし、**時間が過ぎていくと、ドーパミンの分泌が少なくなり、相手に刺激を感じることがなくなっていきます**。こうなると、相手に飽きたり退屈を感じたりするようになり、結婚を意識することで「一生この人と過ごす」ことに漠然とした不安が生まれてしまうのです。

### 人は環境の変化にストレスを感じる

　また、人はうれしいことに対してもストレス

＊**マリッジブルー**　結婚を控えた人が、間近に迫った結婚生活に突然、不安や憂鬱を覚えること。軽いうつになってしまうこともある。

を感じる場合があります。

アメリカの社会学者、ホームズらは、人がストレスを感じるかどうかは、**ある出来事がその人にとって好ましいことかどうかより、それまでの生活や環境にどれほどの変化をもたらすかで決定する**としています。ホームズらの研究によると、結婚は、解雇や親友の死よりストレスが大きいという結果が出ています。環境の変化も、マリッジブルーの原因といえるでしょう。

ただ、多くの人にとって、マリッジブルーは一時的なものです。自分が信じた相手との絆を再認識できる時期とも考えられるでしょう。

## マリッジブルーの原因

結婚が決まり幸せの絶頂にいるはずが、イライラしたり不安になったり……。マリッジブルーの原因は何なのでしょうか。

### 現状に慣れ幸福感を感じない

かつては愛する人と一緒にいるだけで幸せを感じていたのに、それが当たり前になってしまい、幸福感を感じられない。その状態で結婚を決めてしまっていいのだろうかと不安になる。

### 生活が変化することへの不安

結婚への準備が進むにつれ、いよいよ今までの生活が変わることが現実的になってくる。人はうれしいことであっても、環境の変化には大きなストレスを感じるため、不安を感じる。

5

# 永遠の戦い、嫁・姑問題

## 息子を奪われると感じた姑、息子、嫁の三角関係

### 家庭での父親不在が原因に

「結婚した女性＝嫁」が、「夫の母親＝姑《しゅうとめ》」と同居すると、ぎこちない関係になることがよくあります。これが、いわゆる嫁・姑問題です。

日本の嫁・姑問題の背景のひとつに、各家庭がもつ、その家庭の習慣や常識の差が考えられます。嫁は実家とは違った習慣をもつ家に入り、姑は自分の家の習慣を守ることを嫁に求めるので、両者にとって心の負担を感じやすいのです。

そして、もうひとつの大きな要因と考えられるのは、姑と夫（姑の息子）の**母子一体化***です。近年では、家の中で夫や父親である男性の存在感が薄く、権威が弱くなる傾向にあります。そのため、現代の家庭は父親不在のような状態で、息子と母親の関係が強くなり、母子一体化が進んでいます。この中に入ってくる嫁は、姑にとっては、一家の主婦としての権限を侵し、息子を奪おうとする存在になります。つまり、**息子と嫁と姑が三角関係**に陥ってしまうのです。

嫁・姑問題を解決するには、母子一体化を解消するために、舅《しゅうと》と姑、夫と妻それぞれが夫婦関係をしっかり作り、**姑と息子が適度な距離を置くようにする**ことが大切です。そうすれば、姑と嫁はそれぞれのテリトリーを確立でき、両者の女性同士の関係も築きやすくなります。

### 嫁いびりされた女は同じことをする？

姑が嫁いびりをするのは、姑自身が嫁だったときに自分の姑にいじめられたことが**トラウマ**

＊**母子一体化**　家族関係のなかで、夫と妻の関係より母と子どもの関係のほうが強くなること。

**（心的外傷）**になり、それが原因になっている場合もあります。

姑にいじめられた嫁は、**自分をいじめた者と同じような強い人間になりたい、というあこがれの気持ちを無意識にもつ**ことがあるのです。そのため、自分が姑の立場になると、嫁に対し、自分がされたことと同じことをしようとするケースがあります。この心理は、いじめた相手への**「同一化」**（▶P42）といえます。姑にいじめられたすべての女性がそうなるわけではありませんが、この「負の連鎖」が、嫁・姑問題が起こる原因のひとつともいえるでしょう。

## 嫁・姑問題の原因

嫁と姑の問題は、他人同士が家族になるということや、個人的な問題だけではありません。根本的な部分に原因が隠れています。

### 母子一体化

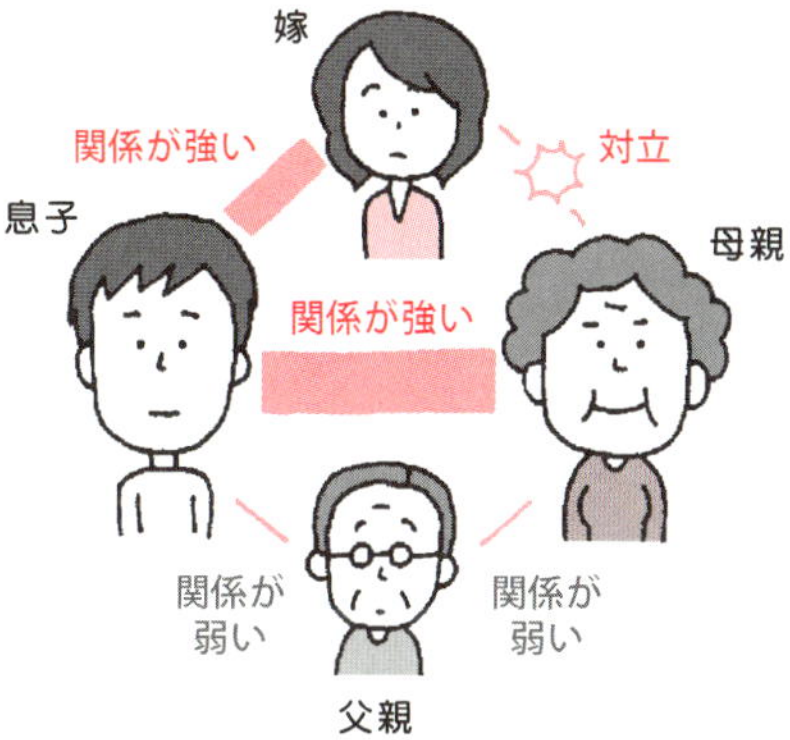
嫁
関係が強い
対立
息子
母親
関係が強い
関係が弱い
関係が弱い
父親

父親が忙しいなどの理由で、父親不在の家庭では、母親と息子の関係は強固なものとなる。母親は子離れできず、嫁・姑問題が発生する。

### トラウマによる同一化

昔、自分も姑にいじめられたわ! 嫁とは姑に従うものなのよ!

かつて、自分の姑とうまくいかなかった姑は、そのときの姑と、姑となった今の自分を重ね合わせ同一化してしまうことも。あのときの強い立場だった姑と同じ立場を味わいたいと、嫁を敵視してしまう。

# 6 マタニティブルーと産後うつ

## 慣れない育児で情緒不安定に。長引くようならうつの可能性も

### ホルモンバランスの変化も原因

産後、理由もなく落ち込んだり、イライラしたり、些細なことで泣いたりすることがあります。このように、出産後に情緒不安定になる状態を**「マタニティブルー」**といいます。

マタニティブルーになる原因は、**慣れない育児による疲れ、プレッシャーや孤独感などに加え、ホルモンバランス*の変化**も考えられます。妊娠中は多くのホルモンが胎盤で作られていますが、出産で胎盤が排出されると、ホルモン量が急激に減ります。この変化に体がついていけず、情緒不安定になってしまうのです。マタニティブルーは病気ではなく、次第に体も慣れていくので、自然に治っていきます。

### 産後うつは治療しないと重症化も

マタニティブルーのような症状がしばらくしても治まらず、落ち込みやイライラ、不眠、過食などが続くことがあります。この場合は、**「産後うつ」**が疑われます。マタニティブルーと似ていますが、うつは心の病気なので注意が必要です。

産後うつが起こる原因は、マタニティブルーと同様のことのほか、**完璧主義といった性格からくるものと、ストレスが多い、身内が育児に協力してくれないといった環境によるもの**などが考えられます。カウンセリングなどの早期治療が必要で、放っておくと重症化し、最悪の場合、幼児虐待などに走る場合もあります。

＊**ホルモンバランス**　エストロゲン（卵胞ホルモン）やプロゲステロン（黄体ホルモン）などの女性ホルモン量の均衡。

# 産後うつの症状

新しい命が誕生し、母としての喜びや充実感に包まれていると思われる産後ですが、ホルモンのバランスが崩れているこの時期はうつになる可能性もあります。

## 1 赤ちゃんの発育が心配でしかたがない

自分の子どもは泣きすぎるのではないか、発育が遅いのではないかと異常に気になる。

## 2 母親失格だと自分を責める

子育てに迷い、家事と両立できないなど、誰もが悩むことを自分だけができないと思い込む。

## 3 赤ちゃんや夫に愛情を感じられない

赤ちゃんが泣いていても放っておいてしまったり、夫に対しても無関心になってしまう。

## 4 育児書通りにいかないと不安でしかたがない

育児書にないことが起きたり、育児書通りにやってもうまくいかないとパニックになる。

## 5 体調がなかなか回復しない

倦怠感や気分の落ち込み、頭痛、不眠症など、心身の不調がいつまでも回復しない。

## 6 未来への希望や夢を感じない

子どもの成長への楽しみや夢、夫婦の未来などについて希望がもてない。この先が不安。

7

# 子どもを産んだら女は変わる?

## 出産、育児は女の人格形成に大きな影響を与える

### 大人になってからも性格は変わる

「出産して保守的になった」「育児をしているうちに性格がまるくなってきた」といわれる女性がいます。出産をきっかけに女性の性格が変わることは本当にあるのでしょうか。

性格心理学*では、**性格は生まれたときに決定するとは限らず、大人になってからも変わる**とされています。アメリカの心理学者、バルテスは、人間は一生を通じて発達するという**「生涯発達」**を唱え、人間の人格形成に影響する要因として、以下の3つをあげています。

**①標準的な年齢段階**…年齢を重ねることによる成長から受ける影響力。幼少期にもっとも影響を受け、老年期にも多少の影響を受ける。

**②標準的な歴史段階**…テレビやインターネットの存在など、そのときどきの時代背景から受ける影響力。同じ国民、民族でも世代によって性格の違いが表れるのは、この影響力による。青年期にもっとも影響を受ける。

**③非標準的な生活上の出来事**…結婚や離婚、出産など、個人の生活を大きく変える出来事による影響力。年齢に関係なく影響を受ける。

バルテスは、**この3つが互いに作用し合いながら、人の性格が作られていく**としています。つまり、**性格は年齢に関係なく発達し得る**ということです。

### 出産と育児は女を成長させる

女性の出産と育児は、3つの影響のうちの③

*性格心理学　人の性格を研究する心理学。類型論と特性論に大別され、類型論では複数のカテゴリーで性格を分類、特性論ではひとりのなかのいろいろな特性を研究する。

の非標準的な生活上の出来事に当たります。出産は女性に大きな驚きや喜びを与えます。今までもっていた価値観が変わる人もいるでしょう。出産してから保守的になったのは、新しく守るものができたからと考えられます。育児をして性格がまるくなったと感じられるのは、育児は毎日のように新しい発見や課題があるので、さまざまな状況を受け入れるふところが大きくなったからと考えられるのです。**出産して女性の性格が変わるのは、母親として必要な要素を身につけていくプロセス**ともいえるでしょう。

## 性格の形成

性格は大きく分けて4つの層から成り立っています。生まれつきの部分と、その後の環境や状況によって作られる部分があります。

**気質**
生まれつきもっている性格で、後天的に変えることが難しい。

**狭義の性格**
幼少期や親などの影響により形成される性格。

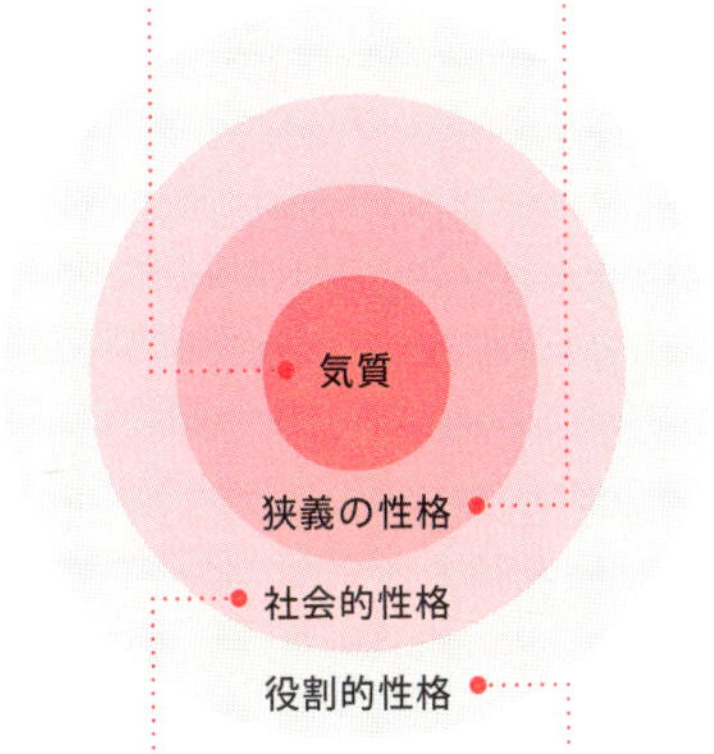


**社会的性格**
経験や習慣によって形成される性格。変えることは可能。

**役割的性格**
そのときの立場により変化する性格。無意識に変化する場合も。

性格が形成されるのは、生まれながらもっている「気質」だけでなく、生まれてから社会に出ていくまでの環境が影響しながら形成される。

# 8 パートナーはいらない、でも子どもはほしい

### 親和欲求の強い女は、結婚はしたくなくても子どもはほしがる

## 結婚はしなくても家族はほしい

一般的には、まず愛するパートナーがいて、その次にその人との子どもがほしいと思うものだと考えられています。しかし、最近は「パートナーはいらないけれど、子どもはほしい」という女性もめずらしくありません。その理由は、以下のような社会的背景が考えられます。

まず、**女性が仕事をすることが当たり前になり、社会的地位が以前より高くなり、収入も多い女性が増えた**ことです。そのため、結婚対象となる男性への条件も厳しくなり「結婚はしたいけど、自分に見合う男性がいない」「妥協するくらいなら結婚しないほうが自由でいい」といった心理になるのでしょう。このことから、パートナーを無理に求めない女性が増えつつあると考えられます。また、過去につき合った男性にひどい暴力を振るわれたり、ギャンブルや浮気などに苦しめられたりして**男性を根本的に信じられなくなってしまった**女性も、結婚には消極的になってしまいます。

しかし、一般的に女性は男性より**親和欲求**（▶P47）**が強く、家族がほしいという気持ちはある**ので、社会的に成功している女性や男性不信になっている女性が、結婚はせずに**シングルマザー***になるという道を選択するケースがあると考えられます。

## 家族としての夫は不要？

また、男性と女性の夫婦に対する感覚の違い

＊**シングルマザー**　ひとりで子育てをしている女性のこと。夫と離婚または死別した場合と、結婚をしないで子どもを産んだ場合がある。

も理由のひとつと考えられます。

ある心理学の調査で、結婚している男女に「夫婦は他人だと思うか？」と聞いたところ、女性のほうが、**夫婦は「他人」だと思う人が多い**ことがわかりました。一方、男性は、**結婚すれば夫婦は一心同体だと思う**傾向にありました。

このことから、女性は結婚しても夫婦は別々の存在だと思っている人が多いのです。自分で子どもを産み育てることができない男性に比べ、女性は自分で子どもを産み育てることができるので、必ずしもパートナーが必要だとは思わないのかもしれません。

女と男の違い

## 「夫婦」の捉え方

「夫婦」という関係について、関係を積極的に築いていくか、いかないかで妻と夫では捉え方が異なっているようです。

**女性**

**夫は他人**

**関係を築く努力が必要**

夫婦とはいえ、夫は「他人」。だからこそ、コミュニケーションを積極的にとるなどして、努力して関係を強固にしていく必要があると考える。

**男性**

**妻とは一心同体**

**何も言わなくてもわかっているはず**

夫婦は一心同体だから、これ以上努力して関係を強くしていく必要はないと考えている。必要以上のコミュニケーションはいらないと考える。

9

# 子どもを虐待する母親

**虐待された経験や人格的な問題、日常のストレスが原因に**

## 4タイプの児童虐待

社会問題になっている児童虐待。２０００年に施行された「児童虐待の防止等に関する法律」によれば、児童虐待の定義は、以下のようになっています。

①**身体的虐待**…児童に対し、殴るなどの暴行を加えること。

②**性的虐待**…児童にわいせつな行為をする、またはさせること。

③**育児放棄（ネグレクト*）**…食事をさせない、世話をしないなど保護者としての責任を放棄すること。

④**心理的虐待**…児童に対し暴言、拒絶といった心理的外傷を与えること。

## ストレスが虐待の引き金に

児童虐待をする理由はいくつか考えられます。ひとつは、虐待をする**母親自身が虐待された経験がある**場合です。親などから虐待された人が親になると、無意識に虐待した人のように「強くなりたい」と思い、子どもを攻撃するのです。これは、**虐待者への「同一化」**（▶P42）と考えられます。

もうひとつは、人格的な問題がある場合です。思考や判断、行動が平均的なものとずれており、そのため周囲と人間関係が築けず、そのストレスから子どもに暴力を振るうのです。自分の子どもを病人に仕立て上げる**「代理ミュンヒハウゼン症候群」***の人も、他人から認めても

＊**ネグレクト**　保護者である親が子どもに必要な衣食住の世話をしなかったり、病気になっても病院に連れていかない、などの行為をすること。

らいたいという意識が強すぎて、自分の子どもを犠牲にしてまでも自分の欲求を満たそうとするといった人格の問題が考えられます。

また、人格に問題がなくても**日常的にストレスを感じている人**が、児童虐待に走るケースも見られます。**夫に不満をもっている妻が、そのストレスを発散させるため**に子どもを虐待するなどがその例です。とくに、日本では母親が虐待者になるケースが多いとされます。女性が家を守るという風潮が根強く残っており、母親が育児を長時間ひとりで行うことがストレスになっており、そのことが原因と考えられます。

## 児童虐待の例

今では社会問題になっている児童虐待。虐待にはさまざまなタイプがあり、子どもの心に大きな傷を与えています。

**育児放棄**

食事をさせない、世話を焼かず長時間放置しておくなど、子どもの基本的な育成を放棄する。

**身体的暴力**

殴る、蹴るなど、子どもに痛みやケガを負わせる。しつけと称して行う場合が多い。

**精神的暴力**

無視するほか、存在否定、さげすむ、恫喝など、言葉の暴力で子どもを傷つける。

**性的暴力**

子どもへのわいせつ行為や、わいせつなものをわざと見せる。性的行為を強制することも。

＊**代理ミュンヒハウゼン症候群**　自分の子どもを傷つけたり病気にさせる虚偽性障害の一種。「病気の子どもを世話する立派な母親に見られたい」という歪んだ欲望が抑えられなくなり起こる。

# 10 仕事と育児の両立は可能？

## 社会的にも現実的にも両立は厳しく、身内の協力が不可欠

### 共働き妻の負担が大きいという現実

1986年に男女雇用機会均等法が施行されて以降、働く女性の数は増えています。しかし、出産後も仕事を続ける女性の割合はけっして高くありません。厚生労働省の発表によると、第1子出産後、継続して就業する女性の割合は38％に過ぎません（2005〜2009年）。

日本で育児期の女性の就業率が低い理由は、ひとつは**乳幼児をもつ女性が働くことに否定的な考えをもつ人が多い**という、社会的通念の問題があるといわれています。「3歳児神話」*などをもち出して、夫や夫の親族が女性の就労に反対するケースは、現在でも少なくありません。そのほかの社会的な背景として、**保育所などの育児サポート施設の不足、子育て中の女性が働きやすい職場が少ない**という要因もあります。

また、共働きの女性の負担が大きいという現実的な問題もあります。アメリカの社会学者、ホックシールドは、夫があまり家事をしてくれない共働き家庭の女性は二交代制で働いているのと同然で、仕事から帰った女性が家で家事に追われる現象を**「第二の勤務（セカンドシフト）」**と呼んでいます。そのような環境では、子どものいる女性は、仕事を続けることに消極的にならざるを得ないのです。

### 両立には身内の協力が欠かせない

冒頭の通り、女性の就業率は昔より高くなっており、教育レベルも上がり、なかには「もっ

*3歳児神話　「子どもが3歳になるまでは母親が自分で育てたほうがよい」という考え方。科学的には否定する研究もある。

とスキルアップしたい」と思う女性も増えてきています。そんな女性が出産を機に仕事を辞めた場合、辞めたことに葛藤が生じるのは、自然なことといえます。職業別の子育て意識などを調べた調査によれば、**仕事をもっている母親より専業主婦の母親のほうが、育児不安やストレスを感じている割合が多い**そうです。

育児のつらさや、仕事と家事の両立の大変さに悩む女性が増えれば、幼児虐待などの深刻な問題が増加するおそれもあります。夫などの身内が家事や育児に協力し、女性の就労継続を促すことが大切です。

## セカンドシフトな妻たち

アメリカの社会学者、ホックシールドは、女性が仕事をもちながら、家事、育児をこなす現状を「セカンドシフト」と呼びました。

ファーストシフト
1st
会社勤務などの
仕事をもっている
町内会
幹事
セカンドシフト
2nd
家事、育児、夫の世話など
家での仕事がある

有職の女性は、外での仕事と家に帰ってからの仕事との二交代制で働いているようなもの。家に帰ってからもくつろげるわけではなく、家事、育児に追われている。将来、親の介護が必要となれば“サードシフト”になる可能性も。

## 11

# 教育ママの野望？

### 家庭への不満やコンプレックスを解消するために子どもに執着する

## 熱心な子育ては自分のため？

親が子どもに「立派になってほしい」「幸せな生活を送ってほしい」と願うのは当然のことです。そのために、子どもが幼いうちから進学塾やさまざまな習い事にいくつも通わせ、英才教育に熱心な母親もいます。勉強、スポーツ、ピアノ……。学校の成績や試合での活躍、発表会の出来などに一喜一憂するなど、子どもの意志とは関係なしの母親の子どもへの期待は、端から見るとすごいものを感じます。

そんな母親に「なぜそこまでするのか」と聞けば「本人のため」と答えるでしょう。しかし、実際は本当は**子どものためではなく自分のため**という心理が隠されている場合があります。

教育に異常なまでに熱心な母親は、本人は気づいていなくても「生活に充実感を感じない」など、**現在の自分の状況に不満をもっている場合**があります。そして、その満たされない思いを、子どもに執着することで補っているのです。このような行為を**「代償行為」***といいます。代償行為による子育ては、子どもにいい影響は与えません。過干渉になることで**子どもは精神的に未熟になり、自立ができず、ナルシスト的な性格になる**ことも考えられるのです。

## 自分と子どもを同一視する母親

子どもが有名進学校に通う、賞をとるなどのために必死になって働きかける母親は、「同一視」（▶P42）という心理が考えられます。

＊**代償行為**　本来の欲求、願望が満たされないときに、代理の対象や方法によって、その欲求、願望を満たそうとすること。

アメリカの心理学者、ブッシュマンが行った調査によると、子どもは自分の分身だと考える母親ほど、子どもの成功を自分の成功のように感じているという結果が出ました。勉強に限らず、**自分が実現できなかった夢を子どもが実現すれば、成功できなかったという劣等感から解放されると思ってしまう**のでしょう。

このような母親の考え方は、子どもへの依存を生み出す可能性があるので、親子関係は不健全なものになる傾向があります。自分の欲求を満たすために子どもに過度な期待をかけるのは考えものだといえるでしょう。

## 母親の代償行為

自分の夢やコンプレックスを子どもに託す母親は意外に多いのかもしれません。その行為は、子どもの個性を消してしまう可能性もあります。

**学習塾、習い事**

↓

**自分との同一視**

成績がいい、運動神経がいい、音楽センスがいい子どもを育てた親であるということが誇らしい。

**芸能活動**

↓

**かつてのあこがれ**

華やかな世界にあこがれ、ちやほやされたかったというかつての夢をどうしても実現したいという思い。

**ファッション**

↓

**自分に重ね合わせている**

年齢や体型、経済的な理由などで自分がおしゃれを楽しめないため、子どものファッションに凝る。

## 12 ママ友は本当にお友達？

### 気持ちが通じ合いやすいが、嫉妬心や劣等感も生まれやすい

### 子どもも含めたライバル関係に

同じくらいの年齢の子どもがいる母親同士は、同じ思いを経験しているだけに、気持ちが通じ合いやすいもの。苦労話や子育ての情報を交換できるママ友は、心強い味方になります。

しかし、ママ友はあくまで子どもを介した友情なので、同じ価値観をもっている、性格が合うということから生まれた友情ではない場合もあります。また、子どもが成長するにつれて状況や考え方の違いも出てくるでしょう。さらに、普通の友人同士とは違ったライバル心も芽生えてきます。

「子どものママ」という同じ境遇同士は、**より互いを比較しやすい状況にある**ともいえます。

また、普通の友人同士なら自分だけで勝負できますが、**ママ友同士だと子どもを（場合によっては夫も）含めたライバル関係**になるので、より嫉妬心や劣等感が生まれやすくなります。

アメリカの心理学者、テッサーは、友人同士の心理を**「比較心理」***として説明しています。友人の成功が自分がかかわる分野にとって重要なものではない場合、素直に祝福し友人のことを自慢に思います。しかし、友人の成功が自分にとっても重要な分野となると、自分が成功していないことで自尊心が傷つけられ、友人のことを素直に喜べなくなるのです。

### ママ友への悪口で自尊心を守る

そして、あるママ友に嫉妬心や劣等感を感じ

＊**比較心理**　友人の成功は近しい間柄であるがゆえに複雑な心理を生む。友人の成功をどう思うかによって、賞賛するか自尊心を維持しようと悪口を言うなどの行為が働く。

た場合は、ママ友のグループ内での悪口に発展します。この場合の悪口は、そのママ友への批判が目的というよりも、**自尊心を守るため**に言っているケースが多いと考えられます。グループ内では同情を受けやすく、心理的にも安定します。思いを吐き出すことで**カタルシス**（▶P243）を得ることもできます。

ママ友との友情は、独身時代の友情に比べ、より複雑な要素をもち、助け合えるというメリットと、嫉妬心や劣等感を感じる対象が増えるというデメリットの表裏一体だといえるでしょう。

## ママ友同士の比較心理の対象

自己評価は他人との比較に大きく影響されます。身近な友人が対象となる場合も多く、さらに独身と家族をもった場合とでも変わっていきます。

### 独身のときの友人との比較心理

自分
友だち

自分自身と友人との１対１の関係。仕事や恋愛、給料など、完全な個人と個人が比較対象となる。

### ママ友との比較心理

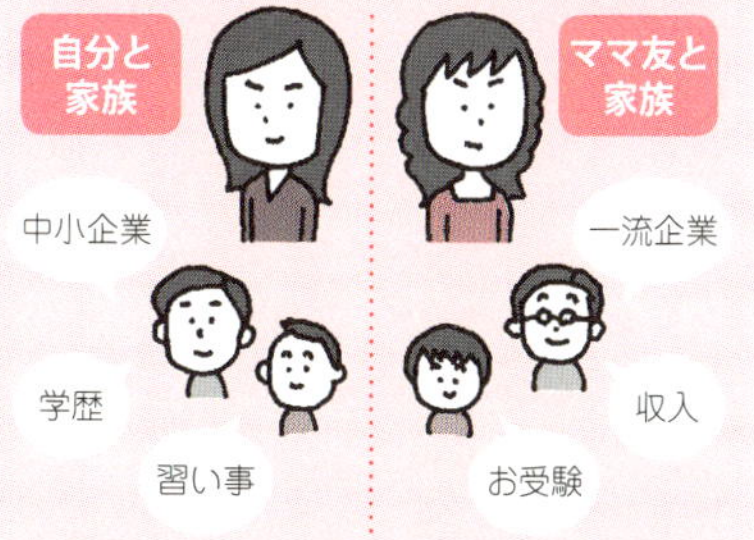
自分と家族
ママ友と家族
中小企業
一流企業
学歴
収入
習い事
お受験

子どもを介したことから始まった友情のため、個人と個人だけではなく、家族全体が比較対象となる。

## 13

# なぜセックスレスになってしまうのか

## 相手を肉親のように感じたり、不満が溜まって嫌悪感をもつ

### セックスを近親相姦のように感じる

セックスレスとは、日本性科学会の定義によると、**「特別な事情がないにもかかわらず、カップルの合意した性交、あるいはセクシュアルコンタクトが1か月以上ないこと」**をいいます。

日本家族計画協会家族計画研究センターが2012年に行った「第6回男女の生活と意識に関する調査」では、結婚している男女で**1か月以上セックスレスだという夫婦が41・3%**と、過去最高の記録を更新しました。

セックスレスの一番多い原因は、**夫婦が相手をパートナーというより親子や兄弟姉妹のように感じてしまう**場合です。とくに、＊**癒着**関係といえるほど仲がいい夫婦の場合、結婚後、間もなくすると、**セックスを近親相姦のように感じる**ようになってしまうのです。

子どもが産まれたあとにセックスレスになる夫婦もいます。子どもができて夫が父に、妻が母になると、夫婦同士も互いを自分の父親、母親のように感じるようになります。**パパとママという役割になり、パートナーとしての関係が薄れ**、セックスがタブーになってしまうのです。

### 相手に怒りを感じてセックスレスに

もうひとつ考えられる原因は、**パートナーに怒りを感じている**場合です。これは表面的なものだけではなく、**小さな不満が積み重なって嫌悪感をもつようになる**ということもあります。

とくに、女性は些細なことで生理的に相手を嫌

＊**癒着**　特定の相手と自分との境目がわからなくなり、相手の感情や問題を自分のものと感じてしまう状態のこと。束縛や干渉などの問題を起こしやすい。

いになってしまう傾向（▶P84）があり、そのことがセックスレスを招いてしまうのです。

きっかけは相手のクセや自分を傷つけるちょっとした言葉だったとしても、それが何度も続き、抗議する機会もないと、強い嫌悪を感じるようになります。そうなると、夫にさわられることも、一緒の部屋にいることさえもイヤになり、ましてやセックスなんてもってのほか、と思ってしまうのです。

同時に、**相手に罪悪感をもっている**場合も、申し訳ないという気持ちから相手に近づけなくなり、セックスレスになることがあります。

**女と男の違い**

## セックスレスになる理由

夫婦間の悩みのひとつにセックスレスがあります。これは熟年の夫婦だけではなく若い夫婦にも起こっていることなのです。

**女性**

肉親のように思ってしまう

出産後のホルモンバランスにより性欲が弱まる

日頃の不満から生理的に受け付けなくなる

**男性**

育児に追われる妻に拒否されているうちに

仕事の忙しさやストレスでできない

「妻」が「母」になり、性欲がわかない

## 14 夫源病にかかる妻

### 夫の何気ないひと言や態度をきっかけに不調が表れる

#### 夫の言動が妻を病気にする

「夫源病《ふげんびょう》」とは、文字が表す通り、**夫の言動が源になって女性に起こる病気**のことです。夫の何気ないひと言や態度にイライラが募り、やがては**動悸や頭痛、不眠など、＊更年期障害に似た症状が出てくる**というものです。

　夫源病は医学的な病名ではありませんが、更年期障害を誘発させたり、悪化させたりすることもあると考えられています。

　夫源病を引き起こす夫の言動は、どのようなものなのでしょうか。

①妻が何を言っても、「オレは疲れている」と言って逃げる。または、妻が話しかけても上の空で聞いていない。

②妻の具合が悪いときでも用事を言いつける。

③家事はすべて妻任せで手伝おうとしない。

④話す言葉が命令口調。

⑤定年退職したとたんに暇になって、妻にまとわりつく。

　夫がこのような言動を続けていると、妻の夫源病が悪化し、熟年離婚などにつながる恐れもあります。

　また、夫源病になりやすい妻の傾向もあります。弱音を吐かずに几帳面で仕事や家事に手を抜かない、責任感が強い、人に意見を言ったり反論することができないなど。このようないわゆる**「良妻賢母タイプ」の人は、夫に対する不満を我慢しているうちにストレスを溜め込み、夫源病になってしまう**おそれがあるのです。

＊**更年期障害**　女性の体を守る女性ホルモンが減少することで中高年女性に起こる障害。「耳鳴り」「めまい」「頭痛」「動悸が激しくなる」などの症状がある。

## 「空の巣症候群」も影響がある？

夫源病は、夫の言動が大きな原因ではありますが、**「空の巣症候群」**が影響する場合も考えられます。空の巣症候群とは、子どもが自立して家を出て行くなど、自分から巣立ってしまったことで気持ちが落ち込んだり、やる気がなくなってしまうといった症状が表れる状態です。「子育て」という生き甲斐を失ってしまい、夫との関係もうまくいっていないことから、夫源病を引き起こす、または悪化させるきっかけのひとつであると考えられます。

## 夫源病を引き起こす夫の言動

近年耳にすることが多くなった「夫源病」。更年期障害に似た症状が妻に発症するこの病は、どのような夫の言動が関係しているのでしょう。

### 妻のミスを罵倒する

買い忘れなどの小さなミスでも怒鳴ったり、威圧的な言い方をして怒る。

### 「ごちそうさま」すら言わない

会話はもちろん「行ってきます」「おいしかった」などの日常的なあいさつもしない。

### 相談したいのに話をまともに聞かない

話をしても上の空だったり、妻の意見を鼻で笑い、バカにするような態度をとる。

### 外面はいいのに家庭ではいつも不機嫌

外では「いい旦那さん」を演じ、家では家族にあたったり不機嫌な態度をとる。

## 15

# DV男と別れられない

### 暴力のあとに見せる「やさしさ」のために離れることができない

## 共依存に陥るDV被害者

2001年にDV防止法が施行されて以来、それまで表に出にくかった**DV（ドメスティック・バイオレンス）**の存在が、世の中に知られるようになってきました。DVとは、**夫婦や恋人の間で起こる家庭内暴力**のこと。**身体的暴力**のほか、相手を罵るなどの**心理的暴力**、性行為を強要するなどの**性的暴力**、生活費を渡さないなどの**経済的暴力**があります。

DVの被害者の多くが女性です。夫や恋人からDVを受ける女性のなかには、いくら被害を受けても相手と別れられないという人がいます。これは、**加害者が暴力を振るったあとに見せる「やさしさ」**が原因。DVのあとに謝罪され、許しを乞われると、被害者は「反省しているし、私を愛してくれている」「この人は私がいないとダメ」などと思い込んでしまうのです。この状態が続くと、両者は**「共依存」***の関係になり、簡単に別れられなくなってしまいます。共依存に陥った女性は、**DVを相手との関係を維持するための証のように感じてしまう**のです。

## 被害者は弱い女ばかりではない

DV被害者には、「我慢していればそのうち終わる」と考えている人もいます。しかし、DVをするような男性は、**相手が無抵抗なほど暴力をエスカレートさせる傾向があり、状況は悪化していく**ばかりなのです。

また、最近増えているのが、**強い女性がDV**

＊**共依存**　自分の存在意義を特定の誰かとの関係に見出し、その相手との関係に依存すること。

**被害にあっているケース**です。高学歴で社会的にも高い地位にある女性は、それまでの人生でさまざまな障害を乗り越えてきた経験があるため、**DVも自分で克服できると考えてしまう**のです。しかし、相手も暴力を振るい続けることで心の安定を取り戻すので、DVがおさまることはまずありません。

このように、DVの被害者と加害者の間には、たいていの場合、第三者には理解しにくい特殊な関係が築かれています。そのため、DV被害を逃れるためには、外部の強制的な介入が必要になります。

## DVサイクルと共依存

ドメスティック・バイオレンスは決して許されるものではありません。そこに共依存してしまうことは、状況をさらに悪化させてしまいます。

**爆発期**

ストレスの限界で、暴力を振るう時期。暴力の衝動を抑えられない状態。

**蓄積期**

ストレスをため込んでいる時期。神経過敏になっている。

**安定期**

暴力でストレスが発散された状態。発散したことで、やさしくなる。

↓

安定期があるため「本当はやさしい人」「この人とつき合っていけるのは私だけ」と思う

↓

**共依存が生まれる**

男性が女性に依存しているというだけではなく、逆に女性もその人間関係にとらわれている。「自分がいてあげなければ」と自身の存在意義を与えてくれた男性に対して依存してしまう。

16

# 熟年離婚を決意する妻

## 熟年にさしかかった夫婦の意識の違いから離婚に至ってしまう

### 「個性化」したい女が離婚を切り出す

夫が定年退職して、家にいることが多くなったとたんに離婚話を切り出す妻がいます。いわゆる「熟年離婚」はなぜ起こるのでしょうか。

ある調査によると、夫が仕事中心の夫婦ほど、夫の妻に対する愛情が平均より高く、逆に妻の夫への愛情は平均より低いという結果が出ました。夫は愛する家族のために一生懸命働いていると思っているのに対し、妻は**家族を愛しているのなら、もっと自分たちのために時間をとってほしいと思っている**のです。その長年のすれ違いが、熟年離婚に至ると考えられます。

また、熟年世代になると、夫婦ともこれまでの人生、これからの人生について、いろいろと考えるようになります。

夫は「仕事で努力を重ねてそれなりの結果も出し、家族もきちんと養ってきた。自分の目標は達成した」とある程度の満足感をもっています。一方、妻は「これから自分らしい人生を過ごしたい」と思っている人も多いようです。スイスの心理学者、ユングが唱えた中年期から老年期にかけての心の課題である**「個性化」**（自分の潜在的な性質や能力を生かして「自分らしく」なること）をしようとしているのです。

夫が働いている間は、その意識の差が夫婦で問題になることはあまりありません。しかし、**子どもが巣立ち、夫が定年にさしかかると、その違いが修復できないほどの亀裂**となっていることが明るみになるのです。

＊**燃え尽き症候群**　熱心に仕事などに取り組んでいた人ががんばりすぎたあげく、体力、精神力を使い果たしてしまうこと。

## 空の巣症候群などで離婚することも

熟年離婚が起こる理由には、女性の**「空の巣症候群」**（▶P213）と子育てにがんばりすぎて起こる**「燃え尽き症候群」***が考えられます。

子育てが終わり、夫にもかまってもらえない女性が、精神的にむなしさを感じて抑うつ状態に陥ることがあります。家庭のことをがんばってきた女性がなりがちな「燃え尽き症候群」によるやり場のない感情から離婚を言い出すケースもあるのです。このようになると、夫と妻の仲は修復不可能な状態になっているのです。

### 妻と夫の心のタイミング

夫婦であればわかり合っているはず……。しかし、結婚生活が進むに連れ、妻と夫との心のタイミングは少しずつずれていっているのです。

妻
夫
20代
妻として夫を支えていこうと思う。
妻と子どもを養っていく意欲がわく。
30～40代
子育ての問題など夫にいろいろ相談したいとき。
責任をともなう立場になり、家のことは妻に任せ仕事に没頭。
50～60代
すでに夫には何も期待しない心境に。
仕事の第一線から離れ、そろそろ家族との時間も、と思う。

17

# 夫に先立たれても元気な妻

## コミュニケーション能力が高い女は、夫が死んでも立ち直りが早い

### 夫の死後も女は失うものが少ない

配偶者に先立たれてしまうことは、誰にとってもつらいものです。しかし、死別後の状況は夫と妻では少し差があるようです。

国立社会保障・人口問題研究所の「人口問題研究」によれば、**妻に先立たれた男性の平均余命が4・11歳も短くなるのに対し、夫に先立たれた女性は1・96歳短くなる**だけでした。なぜ、このような男女差があるのでしょうか。

日本の場合、夫が仕事をして妻が家庭を守るという夫婦がまだまだ多いのが現実。そのため、妻が亡くなると、夫には精神面はもちろん、栄養面や衛生面でも大きな変化が起こることになり、それが健康にも影響すると考えられます。一方、夫が亡くなると、精神面は別として、妻にとって現実的に困るのは経済的な側面のみとなります。

経済的なことも年金や保険があれば補うことが可能なので、**精神的に立ち直ることができれば、女性は、以前とほぼ変わらずに過ごせる**傾向にあるといえるでしょう。

### 「自己開示」が立ち直りを助ける

さらに、女性が男性より**周囲の人との関係を日頃からしっかり保っていることも、立ち直りが早い要因**と考えられます。

言語中枢が発達している女性は、友人、家族、近所の人などと常に会話し、さらに**「自己開示」**＊をすることにも抵抗がありません。女性

＊**自己開示**　個人的なことや感情をありのままに他人に伝えること。人間関係を築き、維持するために重要な役割を果たしていると考えられている。

は周囲とコミュニケーションをとることで次第に気分を晴らし、夫の死のショックを乗り越えることができるのです。これに対して、男性は他人に弱みを見せるのが苦手で、**自己開示する相手が妻だけという場合が多いため、妻を亡くしたときの落ち込みが大きくなってしまう**のです。

そして、夫の死をきっかけに、**「個性化」**（▼P216）を図ろうとする人が多いのも女性の特徴。それまでできなかったことに挑戦したり、新しいことに興味をもつことで、女性は夫に先立たれたあとも悲しみを引きずらずに、元気に生きていける傾向にあると考えられます。

### 女と男の違い

## 配偶者との死別後

配偶者を亡くすことは、大きな喪失感をともないます。ひとりになった妻と夫はどのような人生を歩むのでしょうか。

**女性**

家事

日常生活に大きな変化はない。

趣味

「個性化」を目指し、新しいことにチャレンジ。

友人

友人に話を聞いてもらい、落ち込みからの回復が比較的早い。

**男性**

家事

妻任せだったので、不便を感じる。

趣味

定年後、仕事以外にやりたいこともない。

友人

唯一の自己開示の相手がいなくなり、ふさぎ込んでしまう。

COLUMN 5

# 女に多く見られる病気

うつや、アルツハイマー型認知症など、男女ともに見られるこれらの病気、実は、女性のほうが男性に比べ多いことを知っていますか？

女の病 1

## うつ

気分の落ち込みが激しい、少し動くと大きな疲労感があるなど、心身の活動の低下が見られる精神障害のひとつ。

### 脳とホルモンが影響

うつになる原因のひとつが**「ストレス」**。女性は、右脳と左脳の連携がよいために、**恐怖などの感情を体験すると、脳全体に影響**します。そのため、**感情的ストレスを受けやすい**と考えられています。

さらに、女性ホルモンである**「エストロゲン」**（▶P19）**がうつの発生にかかわっている**ことや、うつを有効に抑えるという説もある男性ホルモン**「テストステロン」**が、女性は少ないなどの理由が考えられ、男性より女性のほうが、うつにかかる人が多いとされています。

#### うつの症状

**不眠など身体的不調**

不眠のほか、頭痛、吐き気、摂食障害など、体に不調が出ることも。

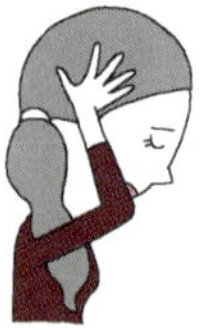

**自尊心の低下**

「自分なんていなくてもいい存在」などと思うようになる。

**何をしても楽しくない**

好きなことをしても気分が晴れず楽しいと思えない。空虚感がある。

女の病 2
## アルツハイマー型認知症

「忘れてしまう」「覚えられない」といった認知機能の低下が見られる認知症のひとつ。老年期に多く発症する。

### 「海馬」の働きがカギ

深刻な「もの忘れ」が症状として出てくるのが**「アルツハイマー型認知症」**という病気です。人の記憶は、脳の**「海馬《かいば》」**という部分が司っています。**海馬は、女性のほうが男性に比べ大きく、**はっきり解明されてはいませんが、この部位の大きさが発症にかかわっているのではないかといわれています。

さらに、女性ホルモン「エストロゲン」（▶P19）は海馬の働きを活発にするといわれており、加齢とともにエストロゲンが減少していくことが原因のひとつとも考えられています。

女の病 3
## 偏頭痛

頭の片側だけに発生する頭痛のひとつ。ズキズキする痛みのほか、吐き気などももよおすことがある。

### ホルモンなど原因はいろいろ

ズキズキと心臓の鼓動のように痛む偏頭痛。痛みで集中ができず、仕事や家事が手につかないといった経験がある女性も多いのでは。数時間から数日続くこともあり、発症すると非常につらい病気です。

**ストレスや不眠などの生活環境**なども原因のひとつと考えられていますが、排卵期や生理時、閉経期に偏頭痛が多く発症する傾向が見られ、これは、女性ホルモンである**「エストロゲン」の減少と関係ある**のではないかといわれています。

女の病 4

# 更年期障害

情緒不安定になり、気持ちが落ち込んだり、イライラすることが増える。女性に多い病気だが、男性にも表れる。

## ストレスにも注意

女性が閉経を迎える50歳前後をはさんだ約10年間を**「更年期」**といいます。この頃に発症するのが**「更年期障害」**です。女性ホルモン「エストロゲン」（▶P19）が減少していくため、心身にさまざまな不調が表れるのです。

女性ホルモンは、生理などの生殖機能を司るだけではなく、血管、皮膚などを保護する役割もしており、女性の体を守っています。**女性ホルモンの働きが弱くなることが、心身の不調につながっている**と考えられます。また、更年期障害にはストレスが関係しているともいわれています。

### 更年期障害の症状

**腰痛、関節痛など**

肩こりや頭痛が起こることもある。

**気持ちの落ち込み**

やる気が出ず感情的になることも。

**ホットフラッシュ**

のぼせ、ほてりを感じ発汗する。

**動悸が激しい**

めまいを生ずる場合もある。

### 女が長寿なのはなぜ？

女性ホルモンであるエストロゲンは、コレステロールの分泌レベルに影響し、心臓病を防ぐ効果があるといわれています。また、動物は生命維持に使うエネルギーにより寿命が決まると考えられていますが、女性のほうが男性に比べ使うエネルギーが少ないためその分長生きするともいわれています。

# 第6章

# 女「らしさ」の心理

# 1 ウソをつくのが上手

## とくに自分に関してのウソが得意

### ウソが顔に出ないのは女

ワイシャツについた口紅。妻に指摘された夫は「あれ、電車の中でついたのかな……」。男性は平気でバレるウソをつきます。逆に、女性はウソが上手です。アメリカの心理学者、エクスタインらがそれを実証しています。

男女一対一で最初は本当のことを話し、途中からウソを話してもらうという実験を多数の男女で行いました。その結果、ウソをつかないときに相手の顔を見つめていた時間の割合は男女合わせて平均66・8%。ウソをつき始めると、男性は見つめる時間が平均より6%ダウンし、逆に女性は平均より2・2%アップしました。ウソをつくとき、男性は萎縮し相手の顔をまともに見られなくなる傾向にあり、逆に女性は、**ウソをついても相手を見つめることができる、つまり平然としていられる**というわけです。

### ウソが多いと病的虚言症の可能性も

ウソにもさまざまな種類があります。女性はどんなウソをつくことが多いのでしょう。

ひとつは**「自己顕示のためのウソ」**。「ブランド物を多く持っている」「有名店にはほとんど行った」のように注目を集めるためのウソです。女性は男性に比べて**自己開示**（▶P218）が得意なため、自分のことに関してのウソはすらすらと出る傾向にあると考えられます。ふたつ目は相手を傷つけないための「思いやりのウソ」。女性はかわいいと思っていなくても、満面の笑

＊**病的虚言症**　架空の事柄を本当らしく細部にわたって生き生きと物語る。あまりに迫真に迫っているため、社会経験が豊富な人も騙されてしまうことがある。

顔で「かわいい！」と言うことができます。女性は、相手をがっかりさせないためにあれこれとフォローする行動をとりがちで、結果ウソをついてしまうことがあるのです。

人は多かれ少なかれウソをつきます。ただし、あまりにも多くのウソをつく人は**「病的虚言症」**[*]の可能性があります。「有名人とつき合っている」「実家が資産家だ」と、現実と空想、願望が混同して、それが事実であるかのように思い込んで話します。**虚栄心が強い、自己中心的、流されやすい、大人になりきれていない、といったタイプ**に多く出る症状です。

## さまざまなウソ

悪質なものから思いやりのあるものまで、ウソにはいろいろな種類があります。一般的にはどのようなウソがあるのでしょうか。

**自己顕示**

「ブランド物をたくさん持っている」など、自分をよく見せたいウソ。

**社会的承認**

「資格をたくさん持っている」など、社会的に認めさせたいときにつくウソ。

**幻想的**

「人のオーラが見える」「UFOを見たことがある」など、夢想に近いウソ。

**防御手段**

「電車が遅れて遅刻した」など、失敗などから自分を守るためにつくウソ。

**予防手段**

「用事があるから」など、予想されるトラブルを予防するためのウソ。

**思いやり**

「とても上手だったよ」など、相手が傷つかないためについてしまうウソ。

2

# ゴシップに敏感

## うわさ話は女のコミュニケーションツール

### 狩猟の時代からうわさが大好き

「女3人寄れば姦《かしま》しい」とことわざにあるように、女性はおしゃべりで、3人も集まればたちまちゴシップ（＝うわさ話）で盛り上がります。

もともと女性は、男性と違って闘争心が弱く、穏やかで協調性に優れています。女性にとってうわさ話は、**社会的コミュニケーション**の手段といえます。アメリカのコミュニケーション学の教授、スーザンは、「うわさ話は、直接知らない人のことを知ることができる重要な方法だ」と述べています。さらに、話し手がどういう考えをもち、どういうタイプかを知ることができます。この情報を得ることで、人間関係を円滑にすることができるのです。

また、女性は右脳と左脳の行き来が活発なため、複数の情報を自在に組み合わせるのが得意で、多角的に物事を捉えられます。そのため、うわさ話を貴重な情報源のひとつと捉えるのです。

女性のうわさ話好きは今に始まったことではなく、人類進化史のなかで受け継がれてきました。男性は狩猟、女性は採集や育児をしていた時代、留守をあずかる女性たちは、集まって**「井戸端会議」***により情報を交換し、結託して自分たちの身を守っていたと考えられます。

### うわさ話はストレス軽減にもなるが…

うわさ話には、ほかにもメリットがあります。うわさ話をすると、ドーパミンなどの脳内科学物質が放出されます。すると**ストレスを和ら**

＊**井戸端会議**　かつて女性たちは、共同井戸に集まり、うわさ話や世間話をしていたということから、女性たちが集まって話すことを「井戸端会議」と呼ぶようになった。

**げるプロゲステロンという黄体ホルモンの濃度が上がるといわれます。つまり、ストレス発散に効果がある**と考えられているのです。話すことで、日頃の攻撃性や嫉妬心も発散でき、欲求不満の解消になります。

ただし、うわさ話が女性にとって大切なコミュニケーションツールであったとしても、信憑性のない無責任なうわさ話は広がりやすいため、注意が必要です。うわさ話は、時間がたつと信憑性が生まれ、確定的な話になるからで、これを**「スリーパー効果」**と呼びます。場合によっては、人間関係を壊す可能性もあるのです。

## 不思議なスリーパー効果

うわさ話は、信憑性のあやしいものがいつのまにか真実のように語られるものです。そこには時間がたてば信憑性が高くなるという効果が。

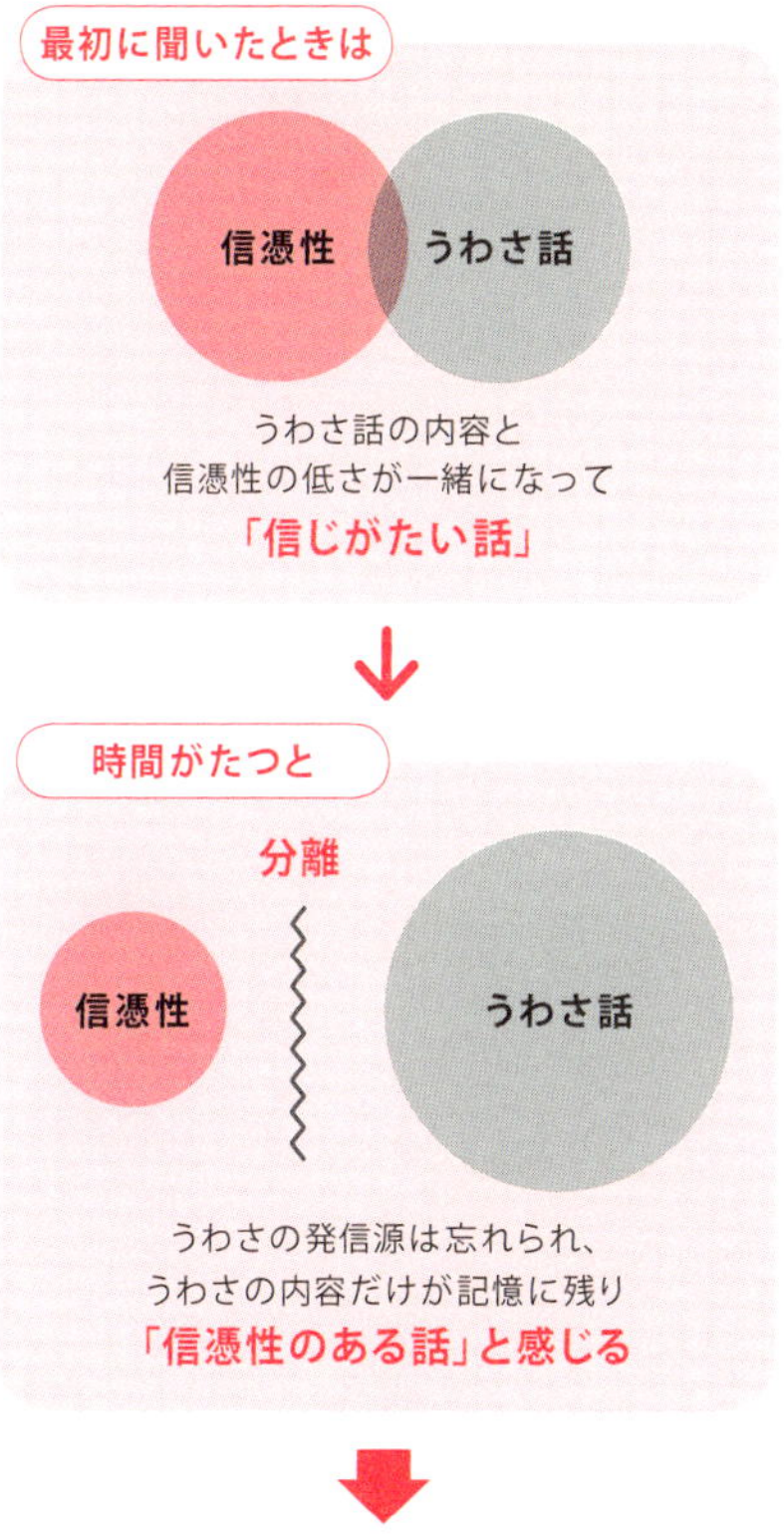
最初に聞いたときは
信憑性
うわさ話
うわさ話の内容と
信憑性の低さが一緒になって
「信じがたい話」
時間がたつと
分離
信憑性
うわさ話
うわさの発信源は忘れられ、
うわさの内容だけが記憶に残り
「信憑性のある話」と感じる

**スリーパー効果**

時間がたつにつれて、信憑性の有無よりうわさ話の興味深さのほうが目立ってくる効果。寝ているだけでウソも真実になるということから「スリーパー効果」と呼ばれる。

3

# 知らない者同士でも話が盛り上がる

## 女は話を聞いてもらい、肯定してほしい

### 女は打ち明け話が好き

電車の中や病院の待合室など、女性は見ず知らずの人に話しかけて会話を盛り上げるのが得意です。それはなぜなのでしょうか。

ひとつは女性は男性に比べて**「自己開示」**（▶P218）がしやすいからです。「私は北海道の出身で……」「私は料理が趣味なんです」と自分自身について話すのです。聞いているほうは、「話してくれたのだから私も話そうかしら」という気持ちになり、「あら、私も料理をするのが好きなんですよ。同じですね」と会話が続きます。もうひとつは、脳の構造上の問題です。女性のほうが**言語能力に優れているため、次から次へと話題が出てくる**のです。

### 自分の人生を肯定してほしい

女性のおしゃべりにはいくつかの特徴があります。まずは、男性がほとんどの年代を通して仕事や趣味などの話が中心になるのに対して、女性は年代によって話すテーマが変わります。独身であれば、グルメやファッション、流行、異性などについて。結婚すると夫や家族のこと、子どもができれば子育てについての話が急増します。さらに年を重ね、中高年になると、知らない人に対して、自分の人生にまつわる話をすることが増えます。**それまでの自分の人生が間違いではなかったのか不安に思う気持ちが生まれ、誰かに話して肯定してもらいたい**と考えることがあるからです。身内に話しても「また

＊**通行人効果**　よく知っている人よりも、自分のことを何も知らない見ず知らずの人を相手にしたほうが自分の人生を語りやすいこと。

始まった」と思われる内容でも、他人であれば、うなずきながら聞いてくれます。かえって、見ず知らずの人のほうが話しやすいのです。こうした見ず知らずの人に対して自分の人生を語りやすいことを**「通行人効果」**[*]といいます。

もうひとつの特徴として、孤独な人ほど自分のことばかり話したがる傾向にあるといわれます。孤独感を吐き出し自分を理解し認めてもらいたいという気持ちが働くからなのでしょう。

女性は、誰かに自分を肯定してほしいという欲求を「おしゃべり」することで解消しようとしていると考えられます。

## 知らない人にこそ話せる身の上話

仲のいい人や自分をよく知っている人にしか話さないはずの身の上話。ところが、意外と見知らぬ人へのほうが話しやすいこともあるのです。

**自分に起こった出来事**

うれしいことやつらいこと、あまり人には話せないことなどが起こる。

**この話を人に言いたい！**

起きた事実はもちろん、そのことに関する自分の感情や思いを誰かに話したい。

**見ず知らずの人には話しやすい**

自分のことを知らない人になら、否定や非難をされることなく聞いてもらえるため、つい話してしまう。

**通行人効果**

自己開示（▶▶P218）や自分の身の上話をする際、自分を知っている人より、はじめてその話を聞く、見ず知らずの人のほうが話しやすい。

# 4 一度にいろいろなことができる

## 男女の能力の差は脳の差にある

### 「何で聞いてないの？」

夫婦でテレビを見ていました。

妻「今日、学校のPTAで話し合ったんだけど、来月からはパパも部活に協力してほしいって。……わかった？」

夫「えっ、何が？」

妻「せっかく話したのに聞いてなかったの⁉」

このようなシーンは、多くの家庭で見られるのではないでしょうか。

妻は自分がテレビで流れているニュースの内容を理解しつつ、別の話をすることができるので、夫もできて当たり前だと思います。しかし、男性は同時に複数のことをするのは苦手なのです。

---

このようなことが起こる理由は、*男女の脳の違いにあります。大脳には左脳と右脳があり、それを神経繊維の束である**「脳梁《のうりょう》」**や**「前交連《ぜんこうれん》」**がつないでいます。女性は男性に比べて、脳梁が太く、前交連が大きいことがわかっています。つまり、**左右の脳の情報を多くやりとりできるということ。一度に使える脳の領域が広いので、同時に複数のことを考え、行うことができる**のです。

また、女性は後頭葉の近くの脳梁膨大部が男性より丸く膨らんでいます。ここは、視覚情報や聴覚情報、言語情報が交換される部分です。膨らんでいるということは、つまり、**耳や目からの複数の情報を同時に処理する能力が優れている**という証なのです。

＊**男女の脳の違い**　性質、心理、行動など、男女に見られる性差は、脳の作りや仕組みの違いによって異なることが多い。

## 子育てにも適したマルチな能力

このように同時並行が可能な女性脳は、子育てにとても適しているといえます。

母親は、目の離せない赤ちゃんを見ながら、洗濯や掃除をこなし、料理を作る必要があります。合間には、テレビやパソコンを見たり、電話をすることも可能です。これが男性なら、ひとつのことに集中する男脳のため、女性ほど器用にこなすことは難しいでしょう。マルチタスクな脳をもつ女性だからこそ、家事や育児を上手にこなすことができると考えられます。

### 女と男の違い

## 脳梁と前交連

ひとつのことに集中する男脳と、複数のことを同時にできる女脳。その差は、脳梁と前交連の違いにありました。

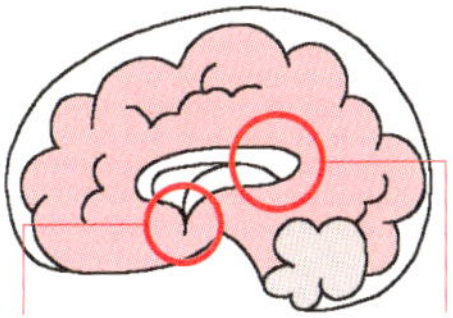

**前交連**
左右の側頭葉の一部をつないでいる線維の束。

**脳梁**
左右の大脳半球をつないでいる神経線維の束。

**女性**

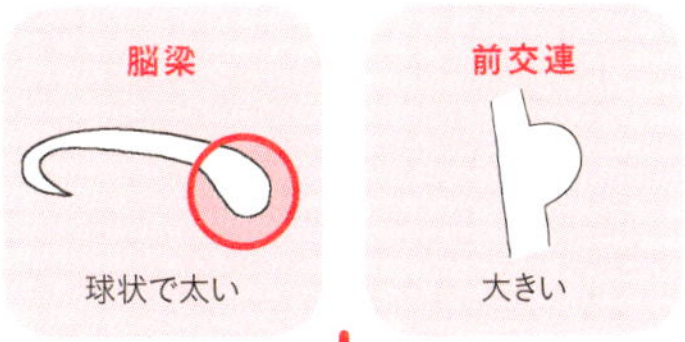
脳梁
球状で太い
前交連
大きい

左脳と右脳の情報交換が活発

**両方の脳を上手に使え、同時並行が得意**

**男性**

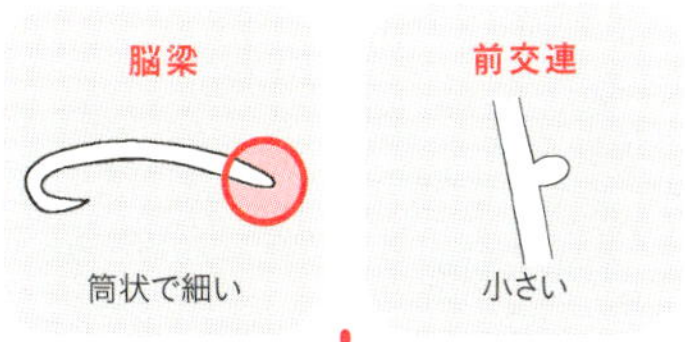
脳梁
筒状で細い
前交連
小さい

左脳と右脳の情報交換が活発ではない

**片方ずつ脳を使うため、集中型の脳**

## 5 話すことも話を理解することも得意

### 女は言語活動の神経細胞の密度が濃い

### 口では女に太刀打ちできない

女性と男性のケンカ。「なんであなたはいつもそうなの。だいたいあなたはね、……」と女性が一方的に話し、男性は岩のように静かです。「自分が不利になるとすぐに黙っちゃうんだから」と女性が水を向けても男性は口を閉じたまま。口げんかでは、世の男性のほとんどは女性には太刀打ちできないでしょう。一般的に**女性は言語能力が男性よりも優れている**といわれています。これは、大脳の言語に関する神経細胞の密度に男女差があるからと考えられています。

### 言葉に万能な女脳

大脳には言語活動に関与する部分がふたつあります。ひとつは、前頭葉の端にある**「ブローカ野」**。とくに「自分から話をする場合の言語処理」を担っています。欠損するとうまく話すことができなくなります。もうひとつは側頭葉にある**「ウェルニッケ野」**＊です。「他人が話したことを理解する場合の言語処理」を担います。欠損すると相手の話を理解することが困難になります。

女性は「ウェルニッケ野」の神経細胞、つまり、**言葉を理解する神経細胞が男性に比べて多い**ことがわかっています。また、言葉を話すとき、男性は左脳だけを使うのに対し、女性は左脳と右脳の両方をフルに使います。つまり、話すのも話を理解するのも得意なのです。そして、自分から言葉を話すときはブローカー野が

＊**ウェルニッケ野**　知覚性言語中枢とも呼ばれ、他人が話した言語を理解する働きをする。損傷すると言語を聞きとれなくなったり、理解できなくなる。

しっかり機能を果たすため、**脳のほかの部分を使って同時進行することが可能**です。子どもと話しながら料理をしたり、夫の話に耳を傾けながら化粧をしたりといった、「ながら行動」が得意なのです。

加えて、話しながら考えるのも得意です。男性の場合は、考えをまとめてから話し始めるのに対し、女性の場合は、話すことが決まっていない段階から話し始め、最終的に結論へと導いていく傾向にあります。これらのことから女性は、「言葉」に対するマルチプレーヤーだといえるでしょう。

**女と男の違い**

## 言葉と脳の使い方

「女性はおしゃべり」。これは、男性だけではなく女性自身も納得の事実です。女性はなぜ流暢に言葉が出てくるのでしょう。

**女性**

右脳と左脳の両方を使って話す

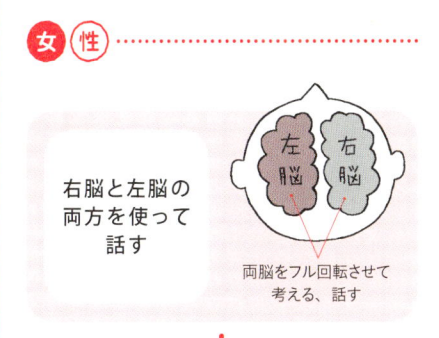

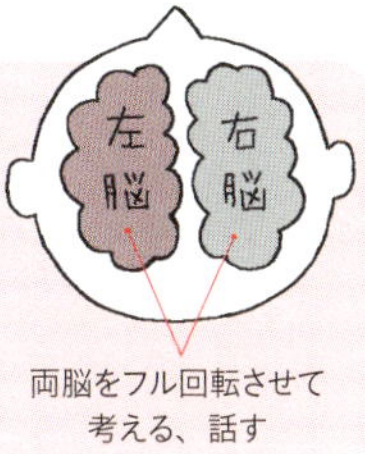
左脳
右脳
両脳をフル回転させて考える、話す

↓

**話しながら考えることが可能なので、次から次へと言葉が出てくる**

**男性**

考えるときは右脳、話すときは左脳を使う

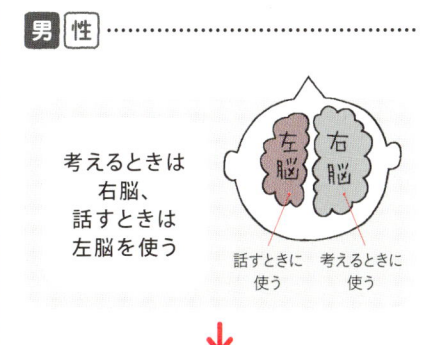

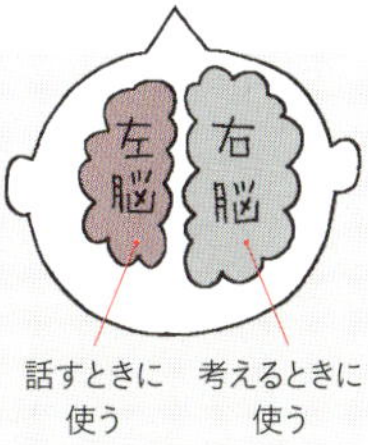
左脳
右脳
話すときに使う
考えるときに使う

↓

**考えているときは、黙り込んでしまう。言いたいことは考えがまとまってから発言する**

6

# 第六感が鋭い!?

## 言葉以外のあらゆる情報からも相手のメッセージをつかむ

### 女は大量の情報を処理するのが得意

浮気をして帰宅した夫。普段と変わらない様子をよそおいますが妻は気づきます。何かが違う、と。女性はそうした**五感を超えた鋭さ「第六感」**＊がよく働きます。物事を考えるときも、男性は理詰めで、女性は感情で結論を出しがち、といわれます。実際に女性はしばしば感情で意思決定を行うことがあります。

物事を考えるとき、女性は多くの情報を取り出し、ミックスして考えをまとめます。夕食のメニューを考える場合も、「ご飯もいいけど、パスタもいいな。冷蔵庫にはトマトと肉があったから……。スーパーの広告では魚が安かったっけ」とあらゆる情報が出てきます。そのスピードはとても速く、論理的に考えを整理していては間に合いません。そこで必要になってくるのが、新たな情報処理機能「感情」です。情報処理機能に感情という決定手段が追加されるため、女性は大量の情報を処理することが得意なのです。また、女性が大量の情報を獲得し処理することができるのは、五感だけでなく第六感があるからと考えられてます。

### 表情やしぐさを鋭く観察している

私たちは**言葉だけではなく、表情やしぐさ、動作などで相手に情報を送っています**。これを**「非言語コミュニケーション」**（▼P126）といいます。女性は、非言語コミュニケーションに長けています。何かを話すときの顔の表情や動

＊**第六感**　視覚、聴覚、嗅覚、触覚、味覚の第五感を超えた感覚のこと。物事の本質を鋭く見抜く心の働きをいう。

作、声の調子、高低や大小は、心の状態によって異なります。「おはよう」というあいさつひとつでも、明るい気持ちのときと暗い気持ちのときとでは、発するメッセージが違うのです。

女性は、言葉に耳を傾けながらも、これらの声のトーンや表情、しぐさを鋭く観察します。

---

左右の脳の連絡のよさを使って、視覚や聴覚などの感覚器官から集められた情報をスピーディーに処理して統合、解釈し、相手の感情、気持ちも読みとります。つまり、**相手が発信する多様なメッセージを読みとる能力こそ女性の第六感といえる**のでしょう。

## 第六感が働くワケ

女性は、五感を超えた「第六感」が鋭いといわれます。その理由は、脳や嗅覚に関係していると考えられています。

### 1 情報処理能力が高い

ウェルニッケ野（▶▶P232）の神経細胞は女性のほうが多く、言葉を理解する能力に長けている。また、左脳と右脳の連携がよいため、情報処理能力が高い。

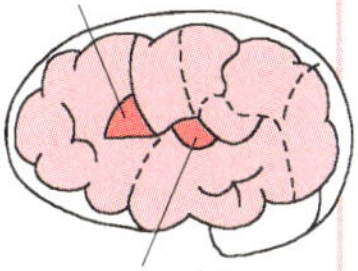


### 2 非言語情報を見逃さない

会話をしながら、言葉以外の手振りや表情などを注意深く見ることができるのは女性。言葉と非言語情報を両方読みとり、相手がどのような心境かを察知する。

### 3 嗅覚が鋭敏

嗅覚を司る嗅覚野と、大脳辺縁系は大きく関係している。大脳辺縁系は女性のほうが発達しているため、嗅覚野も敏感に機能していると考えられる（▶▶P118）。

# 7 自分のキャラを使い分ける

## 協調性を重んじ人間関係を円滑にしようとする女ならではの特徴

### キャラ作りは女の得意分野

多くの女性は女優の素質をもっています。日常のなかで、さまざまなキャラ（性格の特徴）を使い分け演技するのが上手です。フォーマルからカジュアルまでその場その場に合った「自分」をみごとに演出できます。なぜならば、**さまざまな情報を積極的にキャッチして、細かな変化や状況を察知するのが得意**だからです。そして、場所や相手によってキャラを使い分けます。協調性を重んじ、人間関係を円滑にしようとする女性ならではのコミュニケーション法です。

男性が自慢しているときは頻繁にうなずいたり褒めたりする「興味津々キャラ」を、彼氏の草野球チームの応援に行けば、甲斐甲斐しく世話を焼く「女子マネキャラ」を演じたりします。なかでも一番多いのが、「女性の前では気が強く人のこともしっかり観察しているのに、男性の前では天然キャラ（ぶりっこ）をよそおう」女性。これらは、男性の好みに自分の印象を合わせようとする**「印象操作」**（▶P86）という心理が働いていると考えられます。

このように日常の生活のなかで、人間関係を円滑にするためにキャラを作るのは問題ありません。ですが、演技がいきすぎると**「演技性パーソナリティ障害」***という人格障害の可能性が疑われます。特徴は、わざとらしく注目を集めたがり、演技的で外見を気にし、極端に感情的であること。**「演技性パーソナリティ障害」の9割が女性**といわれます。

＊**演技性パーソナリティ障害**　日常の振る舞いが、役者のように大げさな行動をとる傾向にある精神疾患。自己顕示欲が強い、わざと挑戦的な態度をとるなどの特徴がある。

# 演技性パーソナリティ障害チェック

普段の生活のなかで、身振りや言葉づかいなど、
まるで芝居の主役のような振る舞いをする人は
「演技性パーソナリティ障害」の可能性があります。
注目されることに過剰な関心をもつ人です。

1 自分が場の中心人物になっていないと面白くない。 □

2 他人に対し、性的、誘惑的、挑発的な行動をとることが多い。 □

3 考えや知識が浅く、すぐに感情が変化する。 □

4 他人からの関心を引くために常に外見にこだわる。 □

5 大げさで印象的な話し方をするが、話の内容には中身がない。 □

6 芝居がかった態度、誇張した感情的な表現をする。 □

7 暗示にかかりやすく、他人または環境の影響を受けやすい。 □

8 人間関係を現実以上に親密なものと捉える。 □

# 8 地図を見るとき回してしまう

## 空間を司る脳が発達していない

### 頭の中に空間をイメージするのが苦手

地図を見るとき、常に進行方向と自分が向いている方向を同じにしたいがために、地図を回してしまうのは女性に多く見られる特徴です。右折や左折をするたびに地図を回すため、最後は完全に方角を見失ってしまいます。なぜ、女性は地図を回して見ようとするのでしょうか。

それは、**頭の中だけで、地図上の現在位置と実際に自分が立っている場所を照らし合わせることができない**からです。地図だけでなく、女性は空間や距離感が問題となる縦列駐車も不得意です。そのほかにも、設計図を見ることや、ビリヤードなども苦手です。この理由は、**右脳にある空間を司る部分があまり発達していない**ためと考えられています。

### 目印を記憶するのは得意

地図上で道順を覚えるルート学習の実験では、男子学生のほうが女子学生よりも少ない回数で目的地にたどり着くことができたという結果が出ました。また頭の中で物を回転させながら移動させて考える**空間認識能力***や、複雑な図形に隠された単純な図形を見つけ出す力、矢を標的に当てる力においても、男性のほうが優れていました。

逆に女性が優れていたのは、複数の家の中から特定の家を見つけ出す知覚能力、同じ文字で始まる単語のリストアップ、物語や文章を作成する力、関連のない単語を覚える力、加減乗除

＊**空間認識能力**　物の位置や方向、大きさ、形状など、物の三次元空間での状態や関係を、すばやく正確に把握、認識する力のこと。

の四則計算でした。

　このような男女の脳の差は、人類が狩猟採集をしていた頃からとも考えられます。男性は、獲物を求めて狩りに出ました。その際、自分がどこにいるかを常に確認しなければ家に帰れません。毎日繰り返すうちに空間認識能力が発達したとも考えられます。逆に、女性は住まいである洞窟のそばで木の実を集めて子どもを育てました。多く採集できる場所を見つけると、目印を決めて記憶する必要がありました。ですから**進化の過程で知覚能力が発達した**のかもしれません。

女と男の違い

## 地図の読み方

男性は地図が読めるが、女性は方向オンチ。それは、地図を読む視点が違うことが関係しているようです。

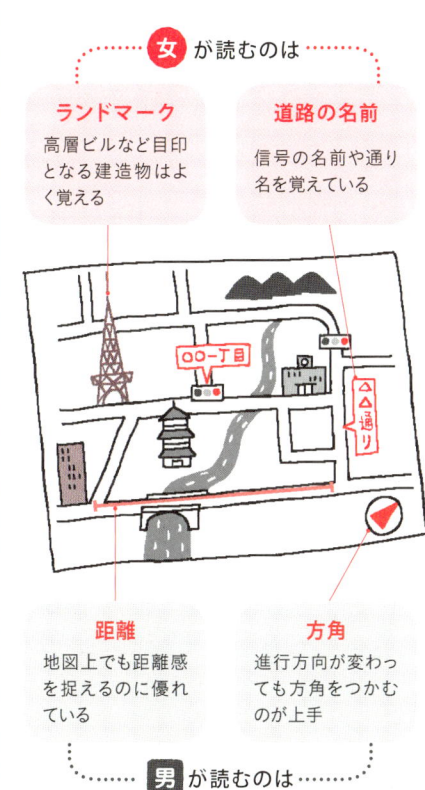

**女が読むのは**

**ランドマーク**
高層ビルなど目印となる建造物はよく覚える

**道路の名前**
信号の名前や通り名を覚えている

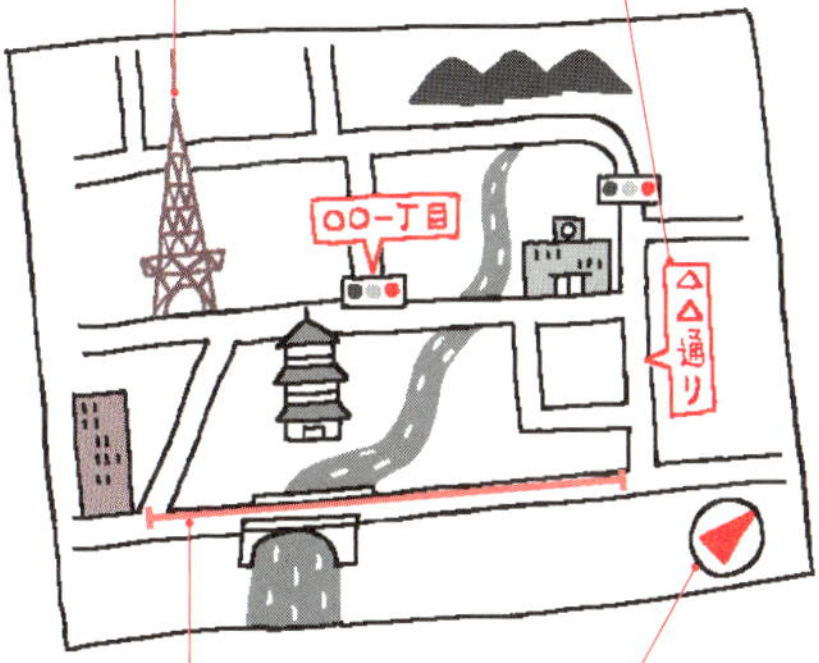


**距離**
地図上でも距離感を捉えるのに優れている

**方角**
進行方向が変わっても方角をつかむのが上手

**男が読むのは**

女性は、地図上の目標物を覚えるのは得意だが、方角がつかめないためランドマークや道路にたどりついても、自分がその目印のどこに位置しているかわからない。一方、男性は、距離や方角を捉えることが得意なため「地図が読める」といわれる。

# 9 バッグの中の探し物が見つからない

## 女は立体的に物を見ることが苦手

### 女は物を平面的に見がち

玄関の前、バッグからカギを出そうと探すけれど見つからない。「あれ？　落としたのかな」とバッグをひっくり返す。食器棚にしまったお気に入りの食器も探せない。「おかしいな。しまったはずなのに」。女性は**奥行きのある狭い範囲の空間から物を見つけるのに時間がかかる傾向にある**のです。

これは、頭の中で物を回転させながら考える**「空間認識能力」**（▶P238）が関係しています。

男性は空間認識能力が女性よりも発達しているといわれています。先天的か後天的かはわかっていません。男性は、小さな頃から、子ども同士で遠くまで遊びに行ったり、探検ごっこをしたりする機会が多く、空間的なイメージ力が必要となる環境で育つために、この能力が発達したとも考えられるからです。

いずれにしても、男性には**物を立体的に見る傾向**があり、バッグや食器棚、冷蔵庫の中など、狭い範囲を立体的に見る必要がある空間で何かを探すのは得意です。女性はこの見方が苦手で、**立体的ではなく、目に入ってくる物を平面的に捉えるのが得意**なのです。部屋で何かを探すなど、広い範囲を見渡して物を見つけるのは男性よりも上手なのです。

### 情報過多で集中力を欠くことも

また、女性は右脳と左脳の連結がよいため、一度に複数のことを同時にこなす**「マルチタスク***

*マルチタスク　一度に複数の仕事を処理することで、女性が得意とする。男性はひとつのことしかできない「シングルタスク」傾向にある。

ク」型です。探し物をしているときに、ほかのことも一緒に考えることが可能です。

たとえば、バッグの中のカギを探しているとき、目にした財布を見て、「あっ、電話料金の支払いをしなきゃいけなかったんだ」と思い出します。食器棚でマグカップを探しているときに、引き出物でもらった皿を見て、「あのふたり、どうしているかな。連絡しなくちゃ」と思ったりもします。さまざまな情報が頭を行き交い、別の用事も思い出せるのはメリットのひとつでもあります。ただし、逆に探し物に集中できなくなるというデメリットもあるのです。

女と男の違い

## 得意な探し物

なかなか探し物が見つからないことは誰もが経験することです。ただし、男女によって探しにくい状況と探しやすい状況があるようです。

**女性**

**平面的に探すことが得意**

女性は目に入ってくる物を平面的に捉える傾向にあるため、部屋全体やテーブルの上の物、全体から探し物を見つけるのが比較的得意。

**男性**

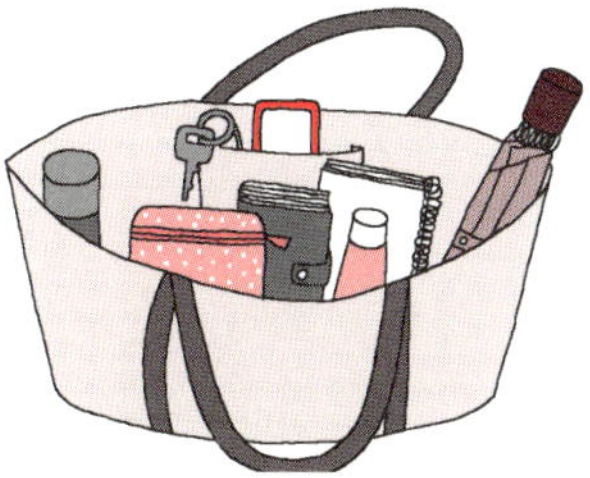

**立体的に探すことが得意**

男性は目に入ってくる物を立体的に捉える傾向にあるため、奥行きのある食器棚、バッグの中などから探し物を見つけるのが比較的得意。

# 10 男より女のほうが涙もろい?

## 感情と脳のほかの働きをする場所が太いパイプでつながれている

### 女は左右の脳に感情領域がある

会社で上司に怒られて涙を浮かべる女子社員。映画の感動的な場面ですすり声を上げて泣く女性。男性はいずれの場合も、女性ほどは涙を見せません。女性は男性に比べて感情の高ぶり方が激しいため、涙を流す人が少なくないのです。しかも、怒り、悔しさ、寂しさ、感動、喜び……、あらゆる喜怒哀楽で感情が高ぶるため、涙を流す回数は男性以上でしょう。

**感情は、脳との関係から生まれます**。男女の脳の差がここにも表れているのです。

男性の右脳、左脳は分業化されていますが、女性の脳は**あまり明確に区分けがされていません**。男性の場合、感情は右脳が担っていますが、**女性の感情領域は、右脳と左脳の両方にまたがっています**。このため、女性は**脳のほかの部分が活動しているときに、感情も引きずられてしまうことがある**のです。話し合いの場で白熱してくると気持ちが高ぶって、思わず泣いてしまったりするのはこのためです。

涙もろいのは、**脳の「脳梁《のうりょう》」と「前交連《ぜんこうれん》」**、**「扁桃体《へんとうたい》」が関係**しています。「脳梁」は女性のほうが男性より太く、「前交連」も女性のほうが大きいことがわかっています。さらに、扁桃体も女性のほうが大きいのです。つまり、**感情を生む場所が広いうえ、ほかの脳の機能とを結びつけるパイプが太い**ということです。ですから、ちょっとしたことでも女性は感情があふれ涙が出てしまいがちなのです。

＊**カタルシス**　浄化を意味する。心理学では、鬱積《うっせき》した感情や葛藤を代償行為によって発散することを指す。

## 涙にはストレス発散効果がある

また、涙を流していた女性が、ひと通り泣き終わったあと、すっきりして何事もなかったかのようになることがあります。これは、**涙を流すことによってストレスが発散された**ためです。

このような状態を**「カタルシス」***といいます。苦しみが流されたように感じて、すがすがしい気持ちになるのです。

このことから、男性に比べ涙もろい女性のほうが、心の浄化を頻繁に行っているといえるのかもしれません。

## 感情が高ぶり泣いてしまう脳の仕組み

ある感情から泣くことへつながっていくのは、どのような仕組みなのでしょう。また、女性が感情が高ぶりやすいのには理由があるのでしょうか。

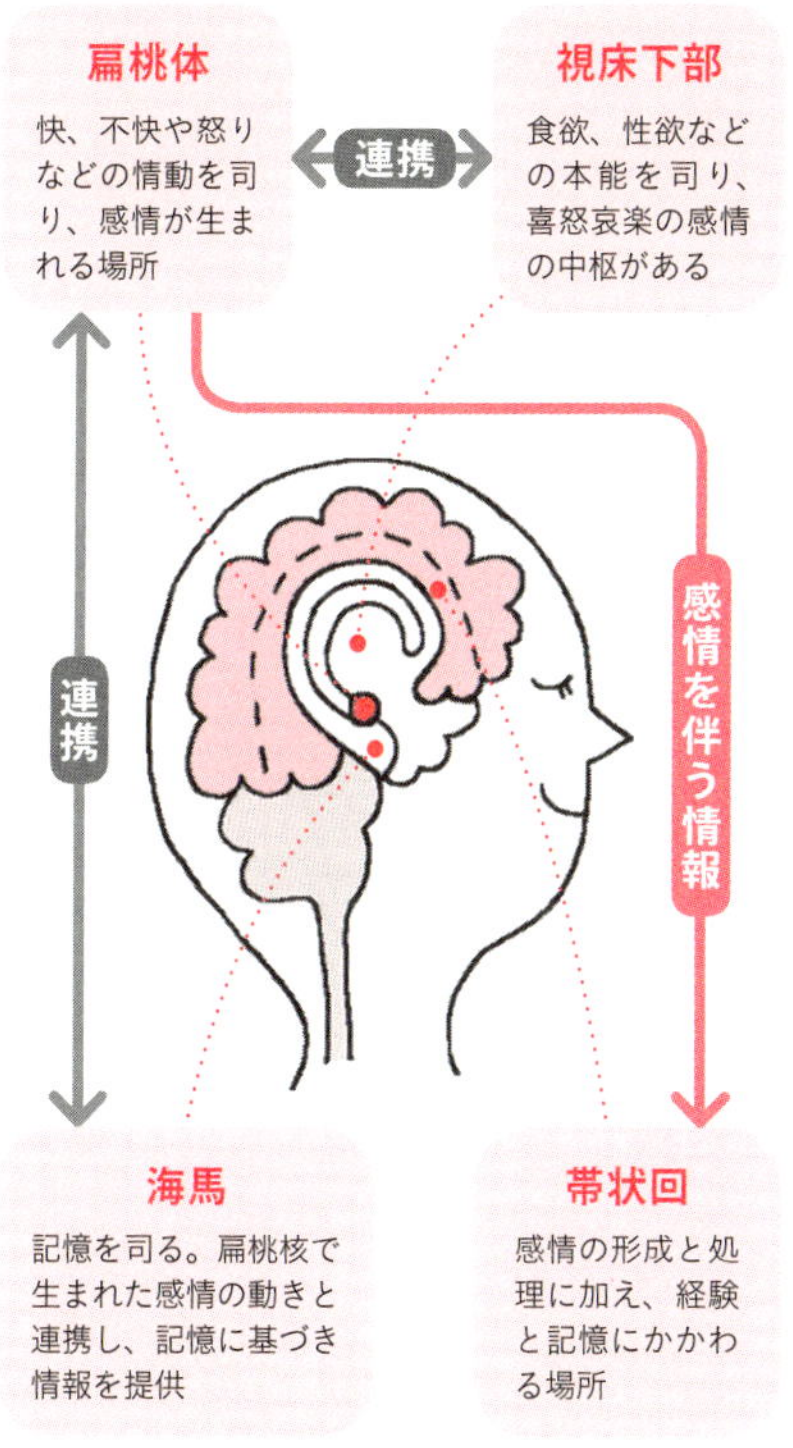
扁桃体
快、不快や怒りなどの情動を司り、感情が生まれる場所
連携
視床下部
食欲、性欲などの本能を司り、喜怒哀楽の感情の中枢がある
連携
感情を伴う情報
海馬
記憶を司る。扁桃核で生まれた感情の動きと連携し、記憶に基づき情報を提供
帯状回
感情の形成と処理に加え、経験と記憶にかかわる場所

さまざまな情報が交錯するため
感情が高まりやすくなる
＝
**泣いてしまう**

TOPIC

# 女の口ぐせ

意識的に使っている場合もありますが、そのほとんどが無意識のうちに使ってしまっている口ぐせ。
口ぐせにもさまざまな深層心理が隠されています。

## なんか～ ～みたいな

### 腹黒い

「すごくムカついた！　みたいな」「なんかー、この前買い物に行ったら～」。

この言葉は、自分の話や主張をあいまいにしたいときに使います。**自分の気持ちは言いたい、でも相手の反応が気になる、批判されるのがこわい**といった心理が読みとれます。あいまいにすれば、批判されても「そんなに強い意味で言ったんじゃない」という逃げ道を作っているのです。

## ○○は～（名前、愛称）

### 自分は特別

大人になっても自分のことを「私」と呼ばず、名前や愛称で呼ぶ女性がいます。大人になりきれていない幼さがあるというのはもちろんですが、そこには**「自分が大好き」「自分は特別」**という心理が隠されていると考えられます。

その他大勢の「私」ではなく、自分だけの固有名詞で周囲にアピールしたいのです。**自己愛**（▼P42）**の強いタイプ**といえます。

## でも～だって～

### 無責任

　人から注意や指摘をされると必ず「でも」「だって」を言う人がいます。自分に非があるのがわかっている場合ですら「でも」「だって」をまずは言わないと気がすまないタイプです。**人に責められることが許せなく、常に「私は悪くない」**という心理が働いている人と考えられます。必ず言い訳をして、決して**自分では責任をとらないタイプ**です。

「でも」「だって」「だけど」「だったら」「どうせ」。これらの言葉は**「D言葉」**と呼ばれています。最初の文字をローマ字表記にした場合、「D」から始まる言葉だからです。このD言葉が口ぐせの人は、いつも言い訳や否定的な言葉を用意しているタイプと考えられます。

## みんな言ってるよね

### 小心者

「みんな言ってる」と言われると、その話に信憑性があるように思え、納得してしまう場面は多々あると思います。

　しかし、いつも「みんな言ってるよ」をキーワードにしている人は、自分の意見だと納得してくれないかもしれない、大勢が言っていると言えば納得してくれるだろうという、**自分に自信のない小心者で、自分の意見を他人に責任転嫁している人**といえます。

　また、しっかりとした根拠のない、感情的な思い込みを、誰かに肯定してもらいたい、という**依存的な面**ももっていると考えられます。いずれにしても、他人を楯にして自分は安全地帯に逃れるタイプでしょう。

## かわいい!!

### 感性アピール

圧倒的に女性が多く使う言葉です。小さい、愛らしいと思うもののほかに、少し気持ち悪いものにも「かわいい！」を使ってしまうのが女性です。

ここには**「何にでもかわいい！と思う私の感性がかわいいでしょ」**という心理が働いています。「かわいい」という**好感度の高い感性を強くもっている自分をアピール**しているのです。対象物をかわいいと思っているというよりも、自分をかわいいと思ってほしい心の表れからくる言葉なのでしょう。また、若い女性だけでなく、分別のある大人の女性でも連発する人がいます。これは、いつまでも**「若くてかわいい私」に見られたい欲求**の表れといえるでしょう。

---

## ここだけの話なんだけど……

### 親しくなりたい

ナイショ話の枕言葉ともいえるこの言葉をよく使う人には**「相手と親しくなりたい」**という心理が隠れています。

人は「ここだけの話なんだけど……」と言われると、「話してくれたから私も言っちゃうけど……」とお返しをしたくなるものです。これを**「返報性の原理」**（▶P175）といい、好意には好意で返したくなるという現象です。つまり、親しくなりたいと思う人には、まずは自分から心を開いている心理と考えられます。

ただし、誰もにこの言葉を言っている人は、信用できないタイプです。**親しくなりたい以上に、うわさ話が好き、という可能性もあります**から注意が必要です。

## 聞いて! 聞いて!

### 自立できていない

「ねぇ、ねぇ」「聞いて、聞いて」「待って、待って」。ついつい二度繰り返して言ってしまうことありませんか?

これは、**相手に対し強制してでも自分の主張を受け入れてほしい**という心理の表れです。**他人への依存心が強く、自立していないタイプ**に多く見られる口ぐせです。かまってほしい、自分に注目してほしいという子どもっぽい人といえます。このタイプは、だだっ子と一緒で、聞いてもらえなかったり、関心のないそぶりをみせると機嫌が悪くなるといった特徴ももっている可能性があります。また、この子どもっぽい甘えたような口ぐせが**「かわいい自分」のアピール**であることも考えられるでしょう。

---

## 〜じゃないですかぁ

### 見栄っぱり

「私って○○じゃないですかぁ」「これって○○じゃないですかぁ」。人にたずねているようで自分で決めつけてしまっている表現です。この言葉を多用する人は、**見栄っぱり**であることが多いです。自分の意見に自信がなく、相手に否定されることを避けるため、矛盾した表現になってしまうのです。**相手の返答をシャットアウトすることで自尊心を保っている**のです。

また、「私って○○じゃないですかぁ」と自分の性格を自ら言い切ってしまう心理には、**「自己確証フィードバック」**(▶P154)が考えられます。自分が思っている「自分のタイプ」に対し、周囲の同意を得ようとする方法で、相手に何も言わせなくする手段なのです。

TOPIC

# 女が嫌うNGワード

男性にとっては悪気のないひと言も女性にとっては大きなNGワードに。とくに女性は、外見にかかわる言葉や、あいまいな言葉、適当に答えたと捉えられる言葉には敏感に反応します。

## ちょっと太った？

女性には決して言ってはいけない言葉のひとつ。その後痩せたとしても「太った」と言われたことはいつまでも忘れないのが女性。男性だけでなく女性から言われてもショック。

## いくつだっけ？

相手を知るには重要な情報だが、こちらもNG。とくに「私、もぅおばさんだから～」と言っている人には要注意。本人が言っているからといって油断すると危ない。

## あの子かわいい

女性は「頭がいい」「気がきく」「やさしい」よりも、「かわいい」と褒められている女性に嫉妬心がわく。容姿にかかわることは、女性の嫉妬心にもっとも火がつく。

## あっそ

女性は、話を聞いていなかったと思わせるあいづちが大嫌い。話を聞いていなかったわけではなく何気なく言ったひと言でも、女性の怒りを買うことになる。

## 女のくせに

女性は「女らしさ」に関する発言には敏感。「女のくせに料理しないの?」や、仕事に対し「女なんだからそこまではりきるなよ」など、原始的な社会的通念を嫌う。

## うるさい

「女はおしゃべり」。これは男性だけではなく、女性自身も感じていること。しかし、「うるさい」は、話を聞いている聞いていない以前に、話していること自体を否定しているのでNG。

## 〜やれ、〜しろ

命令口調は、男尊女卑を思わせるNGワード。女性は、男性の女性に対する見下した態度に非常に敏感。男性は冗談のつもりでも、女性はイヤな気持ちになる。

## うーん・・・まぁ・・・

意見を求めたときのあいまいな返事。とくに相手の男性が優柔不断だったり、あいまいな態度をとるときはイライラしてしまう。女性は、男性には明瞭な態度をとってもらいたいもの。

## オレのせいじゃない

問題や失敗があった場合、男性は失敗の原因を外的要因に求めやすく、女性は内的要因に求めやすい傾向にあるため（▶▶P77）、責任転嫁しようとする男性の態度が許せない。

COLUMN 6

# 本当の欲求がわかる!? 夢分析

「何度も同じ夢を見る」「こわい夢は何かの暗示?」。多くの人が夢に関してこのような思いをしたことがあるでしょう。夢は無意識の心の表れともいわれます。

## 夢分析とは?

オーストリアの心理学者、フロイトは、「夢は人の願望を満たすものであり、夢にはすべて意味がある」と説きました。夢には、人の願望がそのまま表れる場合と、無意識のなかで抑圧された願望が歪曲されて表れる場合があるとしています。普段、コンプレックスやトラウマが意識的に表れることがなくても、意識の支配の弱まる睡眠時には表れる。これが「夢」というわけです。夢に出てくるものを何かの象徴と捉え、その意味を分析していく方法が「夢分析」です。

### 寝相でわかる心理とタイプ

**横向きで丸くなる**

小さく丸まる寝相《ねぞう》は、他人への警戒心が強い反面、依存心も強い。人間関係に悩んでいる。

**うつ伏せ**

自己中心的で几帳面な性格。そのため、他人のミスがストレスとなり欲求不満気味。

**仰向け**

自信がありオープンで柔軟な性格。他人の繊細な感情を読みとれず、トラブルで悩むことも。

# 行動の夢

## 道に迷う

### ストレスがたまっている

現実にも心が迷っている暗示。迷路のようなところで迷っているなら、完全に自分を見失っていて大きなストレスを抱え込んでいる可能性が。

## 高い所から落ちる

### 苦しい心理状態

落ちる夢は、不安や恐れの象徴と考えられている。高い所から落ちるのは、理想と現実のギャップに苦しみ、現状に不満をもっている。

## 階段を駆け上がる

### 向上心または性的な欲求の高まり

階段を上り詰めたいのは、社会的向上心が高く、出世や上昇志向が高いという暗示。あるいは、セックスの高みへの欲求の表れ。

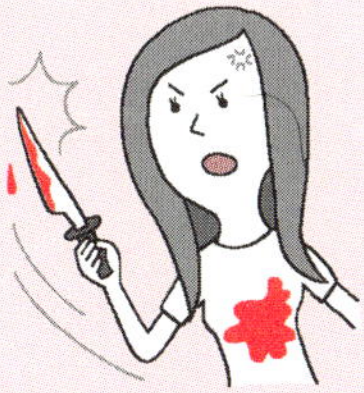

## 殺す、殺される

### 精神的成長

ストレスやコンプレックスから開放され、自立や再生、新しい展開など、精神的に成長する暗示。衝撃的な夢だが好転が期待できる夢。

## 人の夢

### 知らない人

#### コンプレックスの裏返し

たとえば、おしゃれな人が出てくれば自分のファッションセンスに自信がない。美人が出てくれば、自分の容姿に自信がないということ。

### きょうだい

#### 感情の抑圧

普段、抑圧されている感情があるという暗示。夢の中の兄弟や姉妹は自分の分身であって、欠点などを自身で客観視しようとしている。

## 場所の夢

### 駅

#### 転機の暗示

人生の転機や出発点、日常生活の節目などを表している。楽しいイメージなら前途洋々。暗いイメージなら新たな世界への不安感をもっている。

### レストラン

#### パートナーを求めている

レストランは社交性の象徴。人間関係を充実させたいと思っている暗示。また、性的満足への欲求という意味もあり、パートナーを求めている。

## な



## は



## ま



## や



## ら

## た

# INDEX

用語さくいん

## あ

## か



## さ

●監修者紹介　齊藤 勇

[さいとう　いさむ]

1943年、山梨県生まれ。文学博士。早稲田大学大学院文学研究科博士課程修了。カリフォルニア大学留学。現在、立正大学心理学部長。著書に『図解雑学 恋愛心理学』『図解雑学 見た目でわかる外見心理学』（以上、ナツメ社）『面白くてよくわかる！ 恋愛心理学』（アスペクト）『図解 心理分析ができる本』（三笠書房）『人をトリコにする技術 人生の90%がうまくいく対人心理学』（講談社）、監修書に『面白いほどよくわかる！「男」がわかる心理学』『面白いほどよくわかる！職場の心理学』（以上、西東社）など多数。


●イラスト――たむらかずみ　桜井葉子
●デザイン・DTP――スタジオダンク（八木孝枝）
●校正――槍楯社
●編集協力――アーク・コミュニケーションズ（笹岡麻衣子）

# 面白《おもしろ》いほどよくわかる！<br>「女《おんな》」がわかる心理学《しんりがく》

●監修者――齊藤 勇［さいとう　いさむ］
●発行者――若松 和紀
●発行所――株式会社西東社《せいとうしゃ》
〒113-0034 東京都文京区湯島2-3-13
営業部：TEL（03）5800-3120　FAX（03）5800-3128
編集部：TEL（03）5800-3121　FAX（03）5800-3125
URL：http://www.seitosha.co.jp/





ISBN978-4-7916-2149-1